UN CHAPITRE DE L'HISTOIRE DE LA CARICATURE POLITIQUE EN FRANCE

ANDRÉ GILL
SA VIE

BIBLIOGRAPHIE DE SES ŒUVRES

PAR

ARMAND LODS

ET VÉGA

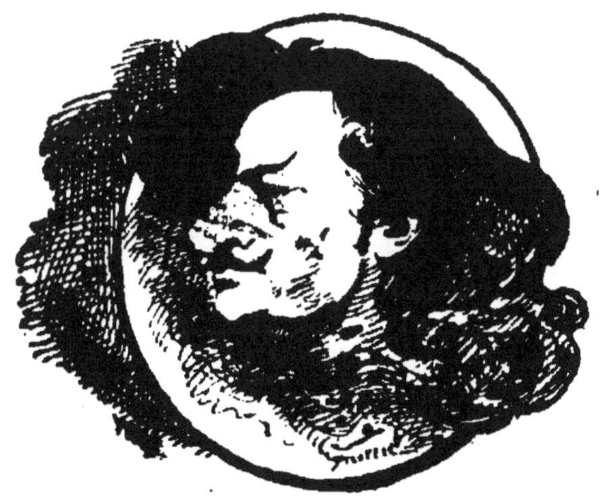

Avec portraits par Emile COHL

ET CARICATURES INÉDITES D'ANDRÉ GILL

PARIS

LÉON VANIER, LIBRAIRE-ÉDITEUR

19, QUAI SAINT-MICHEL, 19

1887

UN CHAPITRE
DE L'HISTOIRE DE LA CARICATURE POLITIQUE
EN FRANCE

ASNIÈRES. — IMPRIMERIE LOUIS BOYER ET Cie

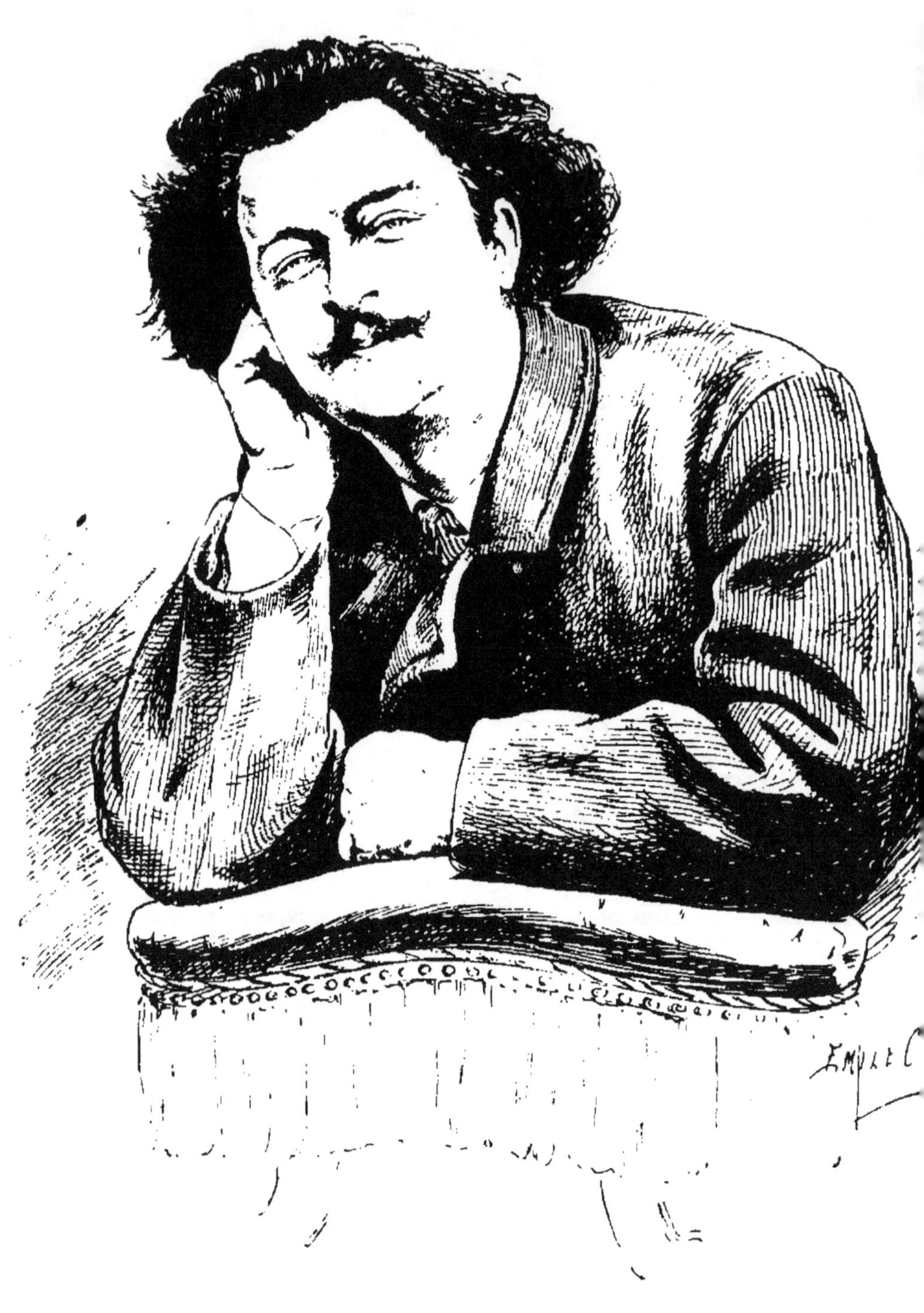

GILL EN MARS 1867

ANDRÉ GILL

SA VIE

BIBLIOGRAPHIE DE SES ŒUVRES

PAR

ARMAND LODS

ET VÉGA

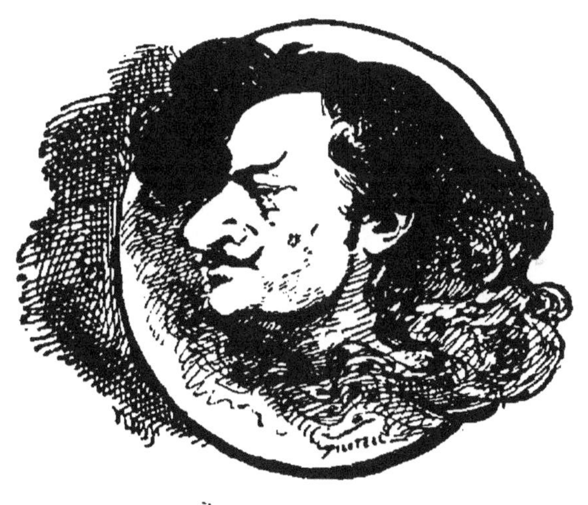

Avec portraits par Emile COHL

ET CARICATURES INÉDITES D'ANDRÉ GILL

PARIS

LÉON VANIER, LIBRAIRE-ÉDITEUR

19, QUAI SAINT-MICHEL, 19

—

1887

ANDRÉ GILL

SA VIE

Une enfance pauvre et triste, une jeunesse orageuse tourmentée par une âpre lutte contre la misère, quelques années d'un succès bruyant mélangé d'inquiétudes, un âge mûr troublé par toutes les ambitions et tous les déboires et, finalement, le découragement et la folie, voilà en résumé, la vie d'un des plus joyeux caricaturistes de notre époque.

André Gill naquit à Paris le 17 octobre 1840; il est porté sur les registres de l'état civil comme Louis Alexandre, fils de Sylvie

Adeline Gosset, couturière, âgée de vingt-deux ans (1). Sur l'original de l'acte de naissance se trouve en outre cette note écrite au crayon « dit : de Guines ».Ce dernier nom est celui de son père, le comte de Guines qui ne l'avait pas reconnu.

Fils d'un noble et d'une couturière, Gill,

(1) Douzième arrondissement de Paris, année 1840.

Du dix-neuf octobre mil huit cent quarante à midi. Acte de naissance de Louis-Alexandre du sexe masculin né le dix-sept de ce mois à sept heures du matin à Paris rue de la Bourbe, n° 3, fils de Sylvie-Adeline Gosset, couturière, âgée de vingt-deux ans, née à Landouzy-la-Ville (Aisne), demeurant à Paris, rue des Canettes, n° 6. Les témoins sont Simon Dardenne âgé de quarante ans et Augustin-Jean-Baptiste Dorge âgé de cinquante-sept ans, employés demeurant rue de la Bourbe n° 3. Sur la réquisition faite à nous, Jean-Marie-Hercule Boissel, adjoint au maire du douzième arrondissement, par Clémentine Heucherard, femme Charrier, sage-femme, demeurant rue de la Bourbe, n° 3, qui a signé avec les témoins, et nous lecture faite dudit acte. Signé Clémentine Hucherard, Dardenne, Dorge, Boissel. Pour copie conforme. Paris, le 5 septembre 1857. Le Maire, signé Perducet adjoint, admis par la commission (Loi du 12 février 1872). Le membre de la commission. Signé : L. Vian.

qui devait à sa double origine un mélange bizarre d'aspirations aristocratiques et de goûts populaires, resta toujours un déclassé et prit place tout naturellement dans la bohême littéraire et artistique. Il en connut et il en partagea les rêves insensés, les déceptions cruelles, les travaux acharnés et les libres plaisirs, les préoccupations matérielles et les angoisses morales; il en fut comme une incarnation vivante. Ses défauts et ses qualités s'épanouirent à leur aise et prirent même un développement factice dans ce milieu fiévreux et malsain qui finit par le tuer. Richement doué, il essaya de tous les arts, il prétendit à tous les succès et ne réussit vraiment que dans la caricature.

Nous avons peu de détails sur ses premières années ; il racontait que, resté orphelin de bonne heure, il avait été recueilli par son grand'père paternel, que celui-ci contraint par la pauvreté à se dépouiller d'un titre qu'il ne pouvait plus porter décemment vivotait dans la gêne sous le nom de M. Blanc. La fille de ce vieillard fut une véritable providence pour le petit Louis.

Gill nous a peint lui-même ces deux figures vénérables, le bon aïeul qui le prenait par la main, lui tout petit enfant, pour le mener voir les tableaux au Luxembourg et la tante Rosalie, si pieuse, si humble, si dévouée.

Peut-être, avec son amour des grandeurs, l'artiste a-t-il mêlé un peu de roman à la modeste réalité. Un certain mystère plane sur ce respectable grand'père et cette excellente vieille fille. Rien de leur existence passée ne nous est révélé (1).

(1) Un ami de Gill s'exprime ainsi dans un article publié en 1873 dans *Paris à l'eau-forte* : « Gill m'a donné, un soir que nous rêvions sous une tonnelle du Luxembourg, des renseignements sur ses ancêtres; mais cela s'est embrouillé dans ma tête, et je ne me souviens bien

« C'était ce qu'on appelle un homme de bataille, »

dit-il dans une pièce de vers(1),

» Que mon grand-père avec sa haute et forte taille,
» Me voyant orphelin, si frêle et sans appui,
» Il me prit sous son bras et m'emporta chez lui.
» J'étais encore enfant lorsqu'il mourut, sa fille
» M'éleva seule alors. C'est toute ma famille,
» Ma tante Rosalie, éternel et cher deuil.
» O ma religion, ma sainte, mon orgueil,
» Image rayonnante, ineffable.
. . . .
» Il me semble parfois dans un éloignement,
» Vague et pâle revoir son visage charmant,
» Comme aux jours envolés me sourire. Il me semble,
» Encore que sa main presse ma main qui tremble... »

Pauvre tante Rosalie ! Son neveu mit parfois son affection à de rudes épreuves. Tant qu'il fut petit, il ne lui causa aucun chagrin sérieux. Mais plus tard quand Louis eut cessé de se plonger avec délices dans les *Mille et une Nuits* et dans les *Aventures de Don Quichotte*,

que d'une chose : *c'est qu'il est le fils de sa tante*, et qu'il est né sur un escalier. G. R. (*Paris à l'eau forte* — 8e livraison, 18 mai 1873, page 123.)

(1) Ma tante Rosalie.

quand le jeune homme commença à percer sous l'enfant, la tâche de l'éducatrice devint terrible.

Gill nous avoue dans ses *Vingt années de Paris* qu'un jour, lassé de la vie monotone qu'il menait, affamé de jouissance, subissant pour la première fois le prestige de l'or, il commit une action honteuse, un vol. Resté seul une après-midi dans l'humble logis, il en profita pour s'emparer d'un louis, la moitié des économies de sa mère adoptive.

Et que fait-il de cet argent si tristement acquis? Ici on retrouve l'enfant du peuple.

Où aller, se demande-t-il, avec qui? Une sorte de gaucherie naturelle, de timidité orgueilleuse l'empêche de rechercher ses anciens camarades de collège. Ils sont riches, ils se moqueraient de lui, le repousseraient peut-être.

Le futur Gill court à la barrière « où les gens ne sont pas fiers ». Il y trouve des vagabonds. On le fait boire, on le fait danser, on le bouscule, il reçoit même un coup de couteau, et la tête basse, la poche vide, grelottant de froid, il erre toute la nuit le long des boulevards extérieurs.

Au matin, confus et repentant, il retourne au logis où il tombe à genoux devant sa tante. La pauvre femme ne lui adresse pas de reproches, mais elle le prend dans ses bras et ils pleurent longtemps ensemble.

« Et, dit Gill en terminant, le petit Louis se relève honnête homme pour toujours, oh oui ! pour toujours ! »

Le jeune Gosset avait fait ses études à Sainte-Barbe. Au sortir du collège, comme on lui reconnaissait des dispositions pour le dessin, il fréquenta l'atelier d'un peintre nommé Pâris, puis celui de l'architecte André

Cheviron. Il n'y resta pas longtemps, bientôt maître et élève abandonnèrent voltes, archivoltes, colonnades et chapiteaux pour illustrer ensemble *l'Histoire du sire de Framboisy.*

Après ce premier essai dans le genre qui devait lui donner un nom, le futur caricaturiste revint à la peinture. Cette fois, il travailla chez Leloir et entra à l'école des Beaux-Arts où il concourut vainement pour le prix de Rome.

Les maigres revenus de tante Rosalie ne suffisaient plus à entretenir deux personnes; la nécessité de gagner sa vie força son neveu à chercher immédiatement un emploi. Il était resté en relations d'amitié avec son professeur d'architecture qui lui donna une lettre de recommandation pour Nadar.

« Comment t'appelles-tu ? lui demanda celui-ci.

— Louis Gosset de Guines.

— Trouve un autre nom !... »

Le débutant prit, par reconnaissance envers Cheviron, le prénom d'André. Il y ajouta le pseudonyme de Gilles dont il fit successivement *Gil* et enfin *Gill*.

Nadar l'envoya à Philippon, rédacteur du *Journal amusant*. Cette feuille n'était pas riche, elle payait peu les dessins des inconnus et ne les faisait paraître que lentement. Elle publia en 1859 et 1862 quelques essais de Gill dont les débuts continuaient à être de plus en plus pénibles.

La misère était grande ; la soupe au pain qu'au coin d'un feu de veuve, la tante Rosalie tenait au chaud pour son Louis empêchait tout juste de mourir de faim ce grand garçon de vingt ans : Gill cherchait toujours un emploi. On le fit entrer chez un nommé Duchod dont le métier consistait à piquer à la mécanique des étoffes de soie : cet industriel avait besoin d'un dessinateur. Il prit d'abord Gill pour un commissionnaire et l'employa comme tel.

Un jour, Léo Lespès, le Timothée Trimm du Petit Journal donna une grande planche à faire au caricaturiste et le hasard voulut que celui-ci commençât l'ébauche sous les yeux de son patron. Il s'agissait du portrait de tous les prédicateurs en vogue à Paris groupés autour du pape Pie IX. Léo Lespès devait payer ce travail soixante francs; Duchod fut émerveillé de la façon dont son employé esquissait le profil du père Lacordaire, il remplaça les commissions par le dessin et augmenta considérablement les gages.

Malheureusement, soit orgueil, soit timidité, Gill crut qu'on se moquait de lui et abandonna au bout de trois jours, cette place lucrative.

Peut-être sa nature et ses habitudes l'empêchaient-elles de se plier à un travail régulier, peut-être les circonstances furent-elles seules coupables. En tous cas, il retomba dans la gêne et vécut de privations, trouvant de temps à autre un placard ou un almanach à illustrer.

En 1862, il tira au sort et amena un des premiers numéros : il courut désolé chez sa pauvre parente : « J'ai tiré un mauvais numéro, lui cria-t-il, en pleurant de rage, si j'avais eu la chance d'en avoir un bon, je me serais vendu pour vous payer votre gîte et vos panades. » C'est ainsi qu'il lui témoigna son regret d'être resté si longtemps à sa charge et de ne pouvoir l'aider en rien. La vieille tante fut affligée de cette explosion de colère et de désespoir, mais elle connaissait son Louis, elle ne doutait pas de son cœur et quand bientôt, honteux de s'être ainsi emporté, il lui demanda son pardon, elle le lui accorda très volontiers, comme toujours.

Gill alla rejoindre son régiment, le quarante-quatrième de ligne, à Nogent-sur-Marne (1). « Il y a cinq ans, écrivait-il plus tard, j'entrais à la caserne » et il résume ainsi ses impressions : « L'homme devient un numéro... Je ne regrette pas d'avoir porté le harnais : cela durcit et rend fort contre le malheur à venir (2). »

Le pauvre caricaturiste se faisait illusion quand il se croyait armé et trempé par ce temps d'épreuve.

Richepin voyait plus clair lorsqu'il disait de lui bien des années après : « Il n'était pas de ceux dont l'âme se bronze, mais bien de ceux dont l'âme se brise au combat de la vie. »

Au bout de douze mois de service, Gill quitta l'armée, il revint à Paris, libre et pour-

(1) Pendant son séjour au régiment il illustra un traité « *Du Duel* » par le capitaine Robaglia.

(2) *La rue*, n° 22 (26 octobre 1867)

tant encore vêtu de son uniforme : il ne possédait pas d'autre habit. Sous ce vêtement militaire, il entra dans un petit atelier de la rue Saint-Jacques et passa ses journées à peindre sur des images à un sou des petits soldats bleus et rouges comme lui.

Il trouva bientôt un travail mieux rétribué, un éditeur l'engagea pour faire des bois de feuilleton à deux francs par jour, il illustra ainsi les « *Légendes Populaires* ». Quand l'ouvrage lui manquait il cherchait d'autres moyens d'existence. Dans le quartier où il demeurait (il habitait alors une mansarde de la rue Saint-Guillemin) il s'était fait une spécialité des portraits après décès. Les ouvriers s'adressaient à lui afin d'obtenir à bas prix une image ressemblante de leurs morts, un photographe eût demandé trop cher, et, pour une somme modique, pour rien quelquefois, Gill crayonnait dans une chambre étroite et nauséabonde le funèbre croquis: « Le choléra de 1865 dont j'avais peur, dit-il, m'a fait vivre à peu près un mois, ma foi » (1).

Il allait encore de temps en temps demander un repas à sa tante Rosalie et il lui arrivait d'amener avec lui un ami nécessiteux, un bohême à dents longues. L'excellente femme le recevait de grand cœur: elle mourut sans avoir vu son fils adoptif parvenir à une situation meilleure.

Cependant malgré sa pauvreté, Gill ne se refusait aucun des plaisirs à sa portée, depuis les bains froids de la Seine jusqu'aux stations dans tous les « *cafés de poètes* » de la rive gauche. Ce fut au petit estaminet de Bobino où il déclamait des vers et de la prose, debout sur une table entre les bocks de bière et les becs de gaz, qu'Alphonse Dau-

(1) *Vingt années de Paris*. Page 182.

det fit sa connaissance. Coiffés de chapeaux tyroliens, ils coururent ensemble les environs de Paris, les bois de Clamart et de Meudon. D'autres jeunes gens les accompagnaient. Deux d'entre eux, Charles Bataille et Jean Duboys moururent fous comme Gill.

Celui-ci était alors un fort et beau garçon, aux cheveux châtains et abondants sur un large front, au nez ferme et droit, à la moustache naissante. Ses yeux changeants verts ou bleus avaient une pupille remarquablement petite, mais malgré cette étrangeté, leur expression était très douce.

Grand, bien découplé, bien musclé, large d'épaules, Gill aimait à se donner des airs d'Hercule. Il affectionnait les gestes de bravache et les attitudes de capitan. Il y avait en lui du mousquetaire, du matamore et de l'athlète de foire et ce qu'il était dans ses manières, il l'était aussi dans ses discours.

Il aimait les vanteries, les rodomontades, les mots surprenants, les théories paradoxales, les phrases à effet.

Quand on lui reprochait tout cela, il répondait qu'il n'était poseur que par timidité, pour éviter la gaucherie, et ceux de ses amis qui l'ont vu dans un salon bourgeois ou en présence d'une femme tant soit peu distinguée sont tentés de croire qu'il disait vrai. Un auteur prétend que la timidité est la fille non reconnue de l'orgueil.

Au café de Suède, un des rendez-vous d'artistes qu'il fréquentait, André Gill fut présenté par Vermesch à François Polo qui dirigeait alors une feuille intitulée : « *Le Hanneton* », fondée par le Guillois (1). Invité immédiatement à collaborer à ce journal, le caricaturiste y dessina une série de croquis con-

(1). *Le Hanneton* — 288 numéros en trois séries du 30 novembre 1862 au 9 juillet 1868.

temporains qu'on accompagna d'une légende en vers et qui furent intitulés : « *Binettes rimées* ». On remarqua parmi ces portraits charges ceux d'Alexandre Dumas, Timothée Trimm, Mélingue, Noriac, Charles Monselet.

Vers la fin de 1865, le rédacteur du *Hanneton* eut une idée lumineuse ; en se rendant un matin à son journal, il vit les murs couverts d'immenses affiches annonçant pompeusement l'apparition du « *Soleil* » sous les auspices de Polydore Millaud. Il pensa tout de suite à fonder une feuille qu'il intitulerait « *La Lune* » par contraste et qui se renouvellerait une fois tous les mois, comme sa marraine.

La « *Lune* » parut le premier Octobre 1865 et le numéro de Février 1866 contint pour la première fois des croquis de Gill, une série de six petites compositions intitulées :

« L'*amateur de violon.* » A cette époque, le journal était déjà, malgré son titre, devenu à peu près hebdomadaire mais ce fut son vingt-septième numéro qui fit à la fois sa fortune et celle de son principal dessinateur; il eut trois éditions. La figure populaire de *Thérèsa*, très bien saisie et très drôlement rendue, s'y étalait à la page principale; la diva était alors à l'apogée de sa célébrité, son image obtint un succès fou et Gill se trouva lancé.

Après avoir imité ses prédécesseurs et surtout Daumier, il venait de créer un genre personnel et nouveau de caricature : le *portrait-charge.* Gill sait admirablement comprendre et exprimer la physionomie générale de ses modèles, il ne se contente pas de déformer ou d'exagérer un ou deux traits, il voit le côté comique de l'ensemble : ses bonnes charges sont des portraits fort spirituels et fort ressemblants.

Courbet dont il fut quelque temps l'élève, a loué son dessin : « On peut déshabiller les bonshommes de Gill, a-t-il dit, ils sont académiques. »

A Thérésa succédèrent dans la *Lune* la plupart des personnages en vue sous l'empire, les célébrités les plus diverses s'y suivent fraternellement : Sardou, Suzanne Lagier, Émile de Girardin, maître Lachaud, Adelina et Carlotta Patti, Bismarck, Paul de Kock, Garibaldi, Renan, Courbet, Lesseps, Madame Schneider, Rossini, les deux Alexandre Dumas, Mélingue, M. Thiers, etc.

Tous ne furent pas également enchantés de leur portrait. Veuillot se fâcha très sérieusement en voyant la reproduction peu flattée de son visage grêlé et couturé : Gill l'avait représenté moitié archange, moitié fort de la halle (1); il cria au sacrilège et fit suppri-

(1) *La Lune*, n° 59.

mer le numéro. Ce ne fut pas la seule fois que la *Lune* eut maille à partir avec la censure, elle faisait une guerre acharnée au gouvernement, tournant tous ses membres en ridicule et souvent ses caricatures ne reçurent pas l'autorisation de paraître à cause des allusions politiques qu'elles contenaient. Deux dessins plus hardis que les autres amenèrent sa suppression totale : le premier représentait Napoléon III en Rocambole (1), le second, le pape et Garibaldi déguisés en lutteurs masqués (l'un noir l'autre rouge), et accompagné de cette légende : « Il est expressément défendu aux cinq-cent mille lecteurs de la *Lune* de voir dans cette lutte de l'homme rouge et de l'homme noir aucune insidieuse allégorie. Qu'ils n'oublient pas que certaines actualités nous sont interdites (2). »

(1) *La Lune*, n° 89.
(2) *La Lune*, n° 87.

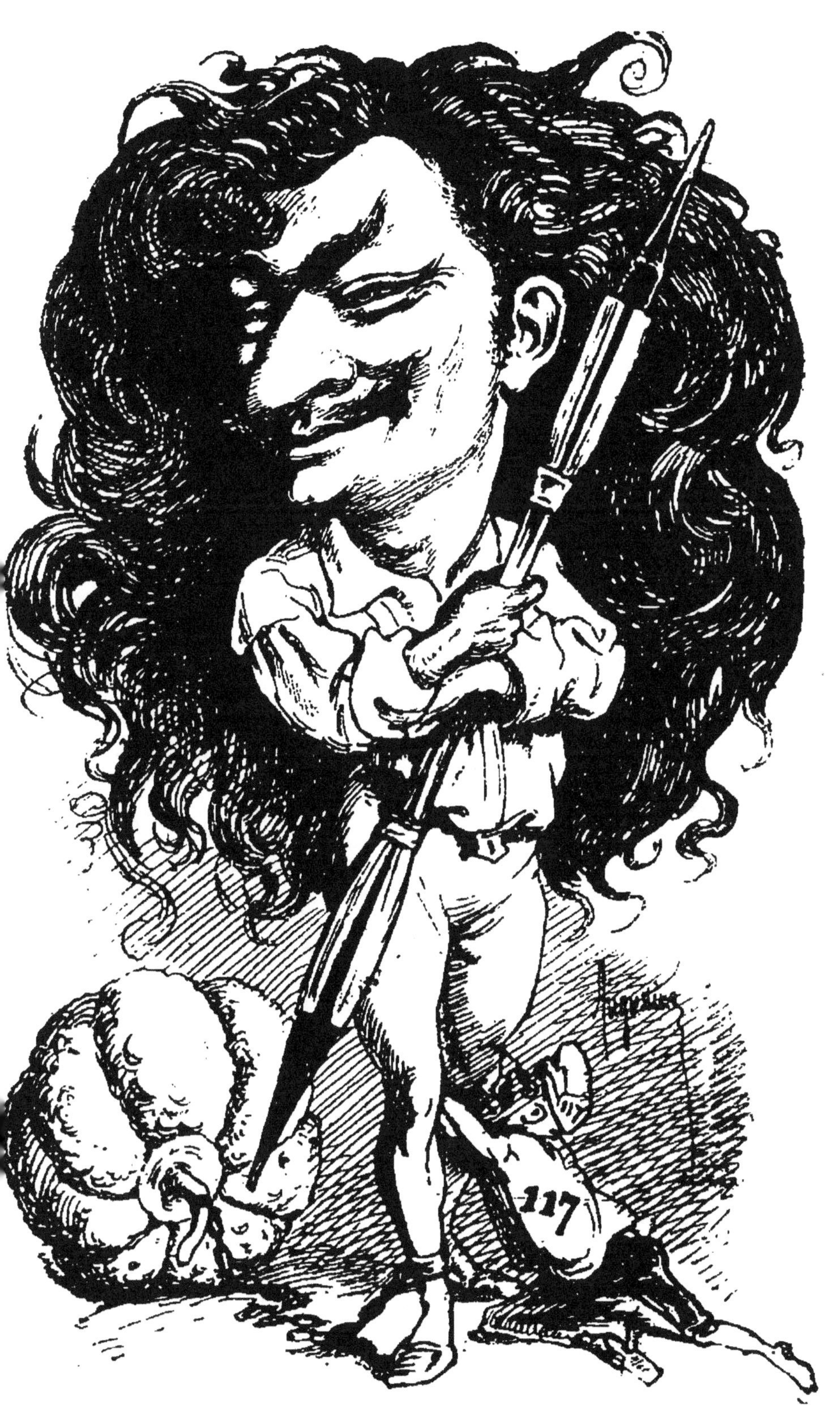

GILL EN 1869

La caricature et l'explication donnèrent lieu à un procès retentissant et, pendant deux mois, la *Lune* se vendit en quantité prodigieuse.

Au bout de ce temps, elle fut interdite et son gérant Polo condamné à la prison et à l'amende (1). Son dernier numéro est daté du 19 janvier 1868; il contient le portrait d'Ernest Feydeau (2). Elle reparut le 26 janvier 1868 avec une large ombre sur son disque et ce nouveau titre : « L'*Eclipse* ».

« Je suis le soleil de la *Lune*, » disait Gill, il s'y était représenté décapité sur un plat regorgeant d'or avec cette inscription : « Mon cher Polo, je n'aime pas la liberté, vous me demandez celle de publier mon portrait ; je refuse net (3). »

(1) Arrêt de la cour d'Appel du 7 février 1868. *Gazette des Tribunaux*, 8 février 1868.
(2) *La Lune*, n° 98.
(3) *La Lune*, n° 80.

Il avait brusquement passé d'une grande misère à des appointements relativement énormes et en fin de compte, malgré les sommes qui lui glissaient des doigts, il ne se trouvait pas beaucoup plus riche. Gill ne faisait pas un meilleur usage de l'argent légitimement acquis que le petit Louis des vingt francs volés à la vieille tante.

Il continuait à fréquenter les cabarets, les estaminets et les bals publics : « J'ai eu des femmes et des bottines neuves, disait-il plus tard, ça fait mal et ça coûte cher, et quand c'est vieux, ça boit. »

Il était bon garçon, le cœur large et la main grande ouverte : il y avait toujours au coin de son feu et à sa table une place pour les déshérités et les parasites. Il partageait volontiers ce qu'il possédait avec les camarades moins heureux qui n'avaient rien, mais quand, pareil à saint Martin, il venait de donner aux pauvres la moitié de son manteau, il s'empressait de jeter l'autre par la fenêtre.

Aussi, même dans les plus brillantes périodes de sa vie, fut-il constamment harcelé par les créanciers. Il raconte dans ses « Vingt années de Paris », que l'après-midi même où le drapeau de la *Lune* se déployait sur le dos du bœuf gras, son propriétaire refusait de le laisser rentrer chez lui à cause d'une menue dette.

« Quand je pense, lui cria Gill, que vous osez m'embêter pour sept francs, le jour même où je suis bœuf-gras. » Regardez ! Et il lui montrait la bête bonne à manger, passant dans toute sa splendeur, mugissante, immense et blanche, enguirlandée de roses, dorée aux cornes... maintenue par quatre sacrificateurs sur la claie roulante, avec en haut l'oriflamme qui déroulait sa banderolle dans le vent, allumant au soleil sa légende en grandes lettres d'or : « La Lune ».

» Et, poursuit le caricaturiste, j'attendais ses excuses, fier et calme, figé dans un mouvement de pitié souveraine. A part moi, je pensais : Mélingue voudrait bien être à ma place.

» Mouchu Monet (le créancier) contempla mon bœuf d'un œil froid, puis, sombre comme le destin, répondit : « Cha ne me regarde pas ».

» Voilà ce que je connais de la gloire (1). »

Cette gloire mélangée de petites humiliations et d'ennuis mesquins suffit cependant pour griser Gill. Il faut dire qu'il était à ce moment un des hommes les plus populaires de Paris; ses amis et ses obligés l'élevaient aux nues. Ils le portaient sur leurs épaules

(1) *Vingt années de Paris*. Page 48.

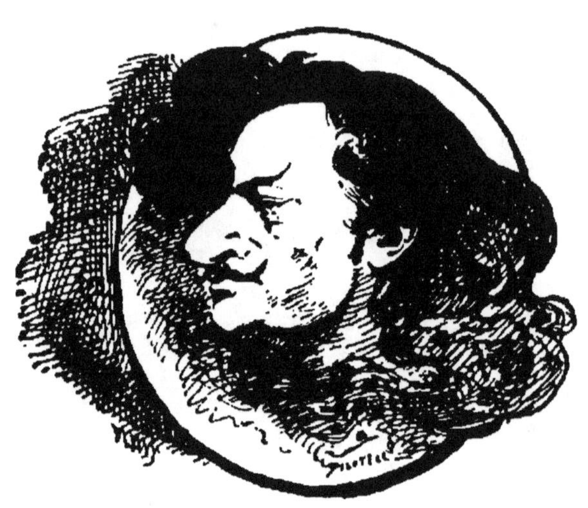

au bal Bullier et à l'Elysée-Montmartre où il régnait en maître. Ces triomphes éphémères, bruyants et faciles, le succès rapide et tapageur qu'il avait obtenu par ses caricatures auprès du public tout entier, enivraient ce grand enfant. Il se prenait très au sérieux, se cambrant dans des poses de vainqueur, et il n'était pas loin de se figurer qu'il possédait une renommée universelle. Un matin, il frappait à la porte de Timothée Trimm.

« — Qui va là? lui crie celui-ci.

— André Gill!

— Connais pas.

— Vous êtes le seul! » Et il le pensait.

L'*Eclipse* avait continué le succès de la *Lune* : comme sa devancière, elle eut de fréquents démêlés avec dame Anastasie. Le 9 août 1868, elle contenait une parodie du célèbre tableau de Prud'hon, la Justice poursuivant le crime (à l'occasion du procès

Marchal) qui fut interdite (1). Gill la remplaça à la hâte par un melon auquel il manquait une tranche et qui, monté sur deux jambes, fuyait, éperdu, devant un crayon. Rochefort et d'autres s'empressèrent de reconnaitre (2) dans ce cucurbitacée, l'image ressemblante de M. Delesvaux, président de la sixième chambre, et le caricaturiste fut mandé chez le juge d'instruction. La poursuite fut abandonnée après une courte explication; mais l'*Eclipse* s'en attira d'autres : elle survécut cependant à tous ces orages, la guerre même ne fit que suspendre sa publication. Elle parut avec une grande caricature coloriée

(1) Cette caricature représentait Charles Marchal, dit de Bussy serrant la main droite d'un magistrat et lui glissant une pièce de monnaie dans la main gauche. — Consultez sur Marchal : Edouard Drumont. *La France juive devant l'opinion*, pages 181 et suivantes ; et journal *Le Figaro* (16, 17, 23 novembre 1886).

(2) Voyez : *La Lanterne* de Henri Rochefort, numéro 12 (15 août 1868).

en première page, jusqu'au 25 juin 1876, époque à laquelle elle changea de format.

Gill y donna, sous l'empire, les portraits charges d'Emile Olivier, Granier de Cassagnac, Sainte-Beuve, Rochefort, Dufaure, quelques avocats (Grévy, Emmanuel Arago, Laurier, Crémieux, Gambetta), Pinard (en chat s'oubliant dans un portefeuille), Wagner, Jules Ferry, Crémieux, Gambetta, etc., etc.

En même temps que *l'Eclipse* (1868), Gill fit paraître une brochure : « *la Vessie* » que, disait un sous-titre, il ne fallait pas prendre pour la lanterne de Rochefort. Vers la même époque, il devint rédacteur en chef de *la Parodie*, en tête de laquelle il mit une préface où se montre déjà une inquiétante exaltation d'esprit.

Cette feuille consacrée tout entière à l'actualité, eut seulement vingt et un numéros : le premier parut le 4 juin 1869, le dernier est daté 9-16 janvier 1870. Gill avait demandé à Vallès, pour qui il avait une véritable amitié et une admiration presque enfantine, d'y collaborer; et le futur Jacques Vingtras lui envoya les premiers feuilletons du Testament d'un Blagueur, roman qu'il a refondu et développé dans les trois autobiographies: L'*Enfant*, le *Bachelier*, l'*Insurgé*.

En 1869, Gill atteint d'une grave maladie des yeux, fut soigné à la maison Dubois (1), il était guéri quand la guerre fut déclarée. Le 25 juillet 1870, il se rendit à la frontière pour prendre des croquis destinés au *Petit Rappel*, et il se trouva avec Camille Pelletan au camp du ban Saint-Martin, aux environs de Metz.

Le 4 septembre marqua une époque importante dans sa vie. Après avoir poussé

(1) Le n° 10 de la *Parodie* est tout entier consacré à ce séjour de Gill à la maison Dubois. (23 octobre 1869.)

devant le Corps législatif, avec une joie délirante, le cri de : « Liberté, Egalité, Fraternité ! Vive la République ! » et s'être jeté au cou de toutes les personnes de connaissance aperçues dans la foule, il avait bourgeoisement pris un fiacre.

« C'est du haut d'un de ces chars banals (1), dit-il, que, tantôt dressé, répondant aux passants avec des gestes de bas-reliefs de Rude, et tantôt rassemblé, assis dans la majesté sereine d'un arc-de-triomphe (toujours la recherche des poses plastiques, la préoccupation de l'effet), je rentrai chez moi par les boulevards. Le flot humain inondait Paris, l'exaltation était à son comble, il éclatait des rires, il coulait des pleurs. La foule qui, dans ses jours de liesse, aime bien à crier quelque chose, criait de temps en temps

(1) *Vingt années de Paris.* Page 66.

« Vive Gill ! » comme elle criait, vive un autre, au passage de toute figure amie. Quelle journée! »

Il devait sembler au caricaturiste qu'il avait dans une certaine mesure, contribué à cette révolution, il la considérait comme son œuvre, et, l'empire à bas, il voyait s'ouvrir devant lui les plus brillantes perspectives.

Rentré chez lui rayonnant, il embrassa son portier, dîna comme quatre et s'endormit, bercé des plus beaux rêves, se croyant presque un héros.

Le réveil ne tarda pas à venir, au 4 septembre succéda le siège de Paris ; Gill illustra sans grand succès quelques numéros du *Charivari* et quelques placards patriotiques qui furent vendus dans les rues, puis il fut réduit, pour vivre, à sa paie de garde national : trente sous par jour. Plusieurs de ses anciens compagnons avaient obtenu des postes assez brillants, et le caricaturiste aurait été bien aise de trouver, lui aussi, une place convenablement rétribuée dans une bibliothèque ou un musée quelconques. Il s'adressa à Rochefort qui l'invita à déjeuner et à Charles Blanc qui lui donna de bonnes paroles, ce fut une désillusion pénible.

Enfin, on lui offrit un emploi officiel, mais c'était sous la Commune, à l'avenir de laquelle il ne croyait guère. Courbet avait organisé un comité d'artistes dans le but d'exercer, disait-il, une surveillance éclairée sur les monuments publics (1). Il s'agissait « de conserver les chefs-d'œuvre du passé pour illuminer le présent et régénérer l'avenir ». La commission fut élue le 17 avril; elle avait pour promoteurs Paul Burani, Antonin Louis

(1) Sur la *Fédération des Artistes*, consultez : *Journal officiel de la Commune*, N[os] des 13, 15, 22, 30 avril. — 2, 7, 10, 17 mai 1871.

et Alfred Isch-Wall. On choisit seize peintres et dix sculpteurs, parmi lesquels se font remarquer les noms de Corot, Courbet, Daumier, Feyen-Perrin, Manet, François Millet, Dalou. La direction du musée du Luxembourg fut confiée à Gill qui l'accepta avec reconnaissance (1). Heureux d'occuper ce poste, il s'y montra du reste plein de modération et ne déposséda pas complétement l'ancien conservateur, M. de Tournemine. Il travailla avec lui à faire nettoyer les salles du palais qui avaient servi d'ambulance pendant le siège et à réinstaller les tableaux décrochés et enlevés de leurs cadres. Les deux administrateurs rétablirent ensemble, au rez-de-chaussée, le musée de sculpture supprimé depuis des années.

Gill garda un souvenir très doux des se-

(1) Voyez : *Journal officiel de la Commune* du 17 mai 1871.

maines qu'il passa au milieu de ce beau parc, livré à ces occupations paisibles ; ce printemps de 1871 si terrible pour la plupart de ses concitoyens, fut une oasis embaumée et charmante dans sa vie orageuse :

« cher temps envolé !

dit-il dans une de ses pièces de vers

« Quand la grille fermée,
» Nous allions tous les deux dans l'ombre parfumée,
» Seuls maîtres des lilas, le doux silence. Rien
» Que ma voix qui fredonne un menuet ancien

. . . .

» T'en souvient-il ? C'était du temps de la Commune. »

Un jour il fut arrêté dans la rue de Rennes par un groupe d'insurgés ; on voulut le contraindre à pointer une pièce de canon. Gill n'osa pas refuser, mais, très peu sanguinaire en dépit de ses airs de matamore, il eut soin de viser le cadran de la gare Montparnasse. Il fallut plus de quinze jours pour réparer l'horloge ; là se bornèrent ses hauts faits. Du reste,

M. Gerspach, interrogé plus tard sur l'attitude de la fédération des artistes, résumait ainsi ses travaux: « Elle a voulu jouer un rôle politique, mais, au fond, elle n'a rien fait du tout » (1).

Naturellement, quand les troupes de Versailles eurent pénétré dans Paris, Gill dut quitter le Luxembourg; il aurait peut-être même désiré, à cette époque, ne jamais y avoir habité; les fonctions qu'il avait acceptées des membres de la Commune ne laissaient pas de l'inquiéter un peu, et il fut désagréablement surpris, lorsqu'au mois de juin 1871, il vit son arrestation annoncée dans le *Figaro*. Il s'empressa d'écrire à M. de Villemessant que c'était un faux bruit, qu'il n'était pas arrêté et n'avait aucune raison de l'être, et il eut soin en même temps d'excu-

(1) Voyez: *Enquête Parlementaire sur l'Instruction du 18 Mars*. — Dépositions des témoins, page 259.

ser et d'atténuer le plus possible le rôle qu'il avait joué pendant l'insurrection. Voici les principaux passages de cette lettre que Vallès et ses amis ne lui pardonnèrent jamais :

« De tous ceux qui ont été contraints pendant ces derniers mois, de rester à Paris, faute de laissez-passer, faute de ressources pour aller vivre ailleurs, nul mieux que le groupe d'artistes dont je faisais partie, n'a su se défendre de toute participation aux agissements de l'ex-Commune (1). Pour deux fois que je suis allé à la préfecture réclamer Polo, on m'a dit deux fois que je me compromettais. Fédéré ou suspect, voilà quelle était la

(1) Courbet demandait la mise en liberté de Polo, le caricaturiste Pillotell, membre de la Commune, se vengeant des refus qu'avaient essuyé ses croquis à la *Lune* et à l'*Eclipse*, lui répondait le 24 avril 1871 : « Quant au nommé Polo j'affirme encore qu'il est coupable de concert avec le nommé Ulbach d'avoir entretenu avec Versailles des correspondances. »

situation! C'est la volonté de tourner ces difficultés, et, d'autre part, la nécessité de veiller sur les collections artistiques qui ont donné naissance à la commission des artistes. Là, du moins, on était exempt de politique et d'enrôlement.

» Nous étions une trentaine qui avons vécu ainsi, faisant le plus petit bruit et la plus honnête besogne possible.

» L'ordre nous fut donné de remplacer les directeurs et conservateurs des musées, mais je crois bien que nous n'avons dérangé personne.

» Délégué pour ma part au Luxembourg, non comme conservateur puisque nous avions décidé de n'accepter aucune fonction, mais comme administrateur provisoire, j'engageai monsieur de Tournemine à ne voir en moi qu'un passant désireux de l'aider, non de le gêner et c'est ce qu'il fit avec une bonne grâce exquise admettant les exigences du moment... Tous les délégués de la Commission, j'en suis certain, ont agi dans le même sens et je suis heureux de songer que notre modeste influence, si nous en avions, a pu sauvegarder les collections d'art si heureusement échappées au désastre (1). »

Et il prie monsieur de Villemessant de rétablir les faits. Voilà comment finit pour Gill le rêve d'être un homme politique et un fonctionnaire du gouvernement.

Après la guerre et la Commune, il se remit à ses travaux de caricaturiste. Il publia quelques dessins dans le *Peuple souverain* qui parut et disparut en 1871, puis il reprit sa collaboration à l'*Eclipse* (1872).

A l'*Eclipse* succèda la *Lune Rousse* dont il fut rédacteur en chef (1877-1879). Le 16 mai

(1) *Le Figaro*, n° du 9 juin 1871.

donna un regain de popularité aux œuvres de Gill, mais il ne retrouva pas ses succès d'autrefois. Ni le *Bulletin de vote* imprimé à l'occasion des élections (1877), ni l'*Esclave ivre*, dirigé contre Gambetta (septembre 1881) ni la *Petite Lune*, ni la *Nouvelle Lune* (1881, 1882), ne les lui rendirent complétement. Il avait commencé à sentir amèrement tout ce qu'il y a de vain et de passager dans une célébrité due à des caricatures. Il voyait bien que ces grandes pages coloriées exécutées à la hâte, imprimées sur du mauvais papier et vendues à bas prix étaient, la plupart du temps, jetées aussitôt que regardées, leur destinée n'étant pas de durer beaucoup plus longtemps que les pièces d'or qu'elles lui avaient rapportées et dont il ne lui restait rien.

Il ne doutait pas de son talent, il essaya un peu de l'eau-forte et surtout il voulut revenir à la peinture sérieuse.

Daudet nous le montre dans son vaste atelier de la rue d'Enfer « meublé de deux chevalets et d'un trapèze ».

« Tout en causant, Gill travaillait, il ébauchait des toiles énormes pour des cadres géants que son rêve dépassait encore. Blasé sur ses succès de dessin et las de l'éternelle grimace des caricatures, il avait l'ambition d'être un grand peintre, marquant sa placé très haut, entre Vollon et Courbet ».

Dans ses tableaux tristes et sombres de couleur, Gill ne fut jamais qu'un dessinateur. S'il ne réussit pas, ce ne furent cependant ni la confiance en lui-même, ni la persévérance qui lui manquèrent. A partir de 1875, il exposa chaque année; le jury lui avait refusé une de ses premières œuvres, *Le Requiem du rossignol.* Les autres furent plus heureuses; en voici la liste :

Un joyeux compagnon (salon de 1875).

Crispin (1876).

L'homme à la pipe. — *Souvenir d'un grand comédien* (Lesueur) (1877).

Catherine. — *Portrait de Daubray* (1878).

Un petit homme. — *Portrait de Mlle Bullier* (1879).

Le capitaine. — *L'homme ivre* (1880).

Le Nouveau-né. — *Portait de Jules Vallés* 1881).

Le Fou (1882).

Gill donna en outre *Astezani, le nain dans les roses.* La *Leçon de musique* qui appartient à Coquelin cadet ; et en 1881 de nombreux paneaux pour l'illustration de l'Assommoir et de Nana, — *Victor Hugo* couronné de lauriers par la République et par des enfants. Ce dernier tableau fut peint à l'occasion de la fête du grand poète.

En prétendant à l'art véritable, Gill ne dédaignait pas les occupations plus modestes.

Il peignit en 1878 l'enseigne du cabaret des assassins (dirigé par Salze) qui devint à partir de ce jour celui du Lapin agile. (Au lapin. A. Gill.)

Entre temps il avait essayé de la littérature et même du théâtre. Trois de ses pièces furent représentées sur des scènes parisiennes. L'*Etoile*, un acte en vers écrit en collaboration avec Richepin, fut joué en 1873 au théâtre de la Tour d'Auvergne par les auteurs eux-mêmes et, particularité assez singulière, le héros principal de cette saynète est un fou. « Le *Caissier* », comédie de mœurs écrite en collaboration avec Georges Richard, a été joué à la Renaissance et la *Corde au cou*, un acte en vers donné à l'Odéon en 1876. Le peu de succès de cette dernière pièce inspira à Gill des pages amères où il raconte ses impressions d'auteur et où il se prononce nettement contre les petits ouvrages du même genre. « A Saint-Cloud... les mirlitons! dit-il. L'acte de fantaisie en vers gracieux est un badinage d'antan (1). »

Comme poète et malgré quelques idées originales et touchantes. Gill s'éleva rarement au-dessus du médiocre : il ne s'était du reste jamais donné la peine d'apprendre à fond le métier de versificateur. Je ne parle donc que pour mémoire d'un recueil de douze à quinze cents vers surnaturalistes publié en collaboration avec Louis de Gramont sous ce titre : « *La Muse à Bibi* » (la première édition ne porte pas de nom d'auteur). C'est avant tout un livre bizarre, d'une étrangeté voulue. La note excentrique et faubourienne y est forcée à dessein ; cependant, parmi les extravagances et les trivialités, il s'y trouve des pages amusantes et des inspirations heureuses. Quand Gill mourut, il préparait un

(1) *Voltaire illustré*, n° du 18 janvier 1880.

autre recueil de poésies qui ne fut pas publié et qu'il avait l'intention d'intituler « *La Muse humaine* ».

Lorsqu'il consentait à être simple et à exprimer naturellement sa pensée le pauvre artiste écrivait d'une manière charmante, témoin la dédicace qu'il mit sur un Don-Quichotte offert par lui à deux enfants :

« Léon et Adolphe.

» Pour l'intérêt que je vous porte et le bonheur que je vous souhaite je vous envoie aujourd'hui Don Quichotte.

» Je le donne à tous deux, à l'un autant qu'à l'autre, afin que vous en ayez ensemble le plaisir et l'enseignement.

» Don Quichotte, c'est la pensée, l'idée, l'âme qu'il faut garder vaillante et fière, quelque douleur qu'il en coûte parfois. Sancho Pança, c'est l'instinct, le naturel, le corps qu'il faut conserver dispos et sain.

» Lisez ce livre ensemble et, de temps en temps, relisez-le. Sa morale vous apparaîtra plus claire à mesure que vous grandirez. Apprenez-y ensemble à vivre sainement comme Sancho, noblement, comme Don Quichotte.

» Et n'oubliez pas que don Quichotte est le maître de Sancho et qu'ainsi l'a voulu Michel Cervantès pour honorer l'âme qui toujours doit passer la première. »

Les *Vingt années de Paris* furent le dernier ouvrage littéraire que Gill publia ; ce volume est rempli de détails curieux et de révélations intéressantes sur sa vie et sur son caractère : la plupart des articles qu'il contient ont paru dans le *Voltaire illustré* de janvier à mars 1880.

Aucun de ces travaux de genres différents n'avait donné une satisfaction complète à Gill : ni la peinture, ni la littérature ne ré-

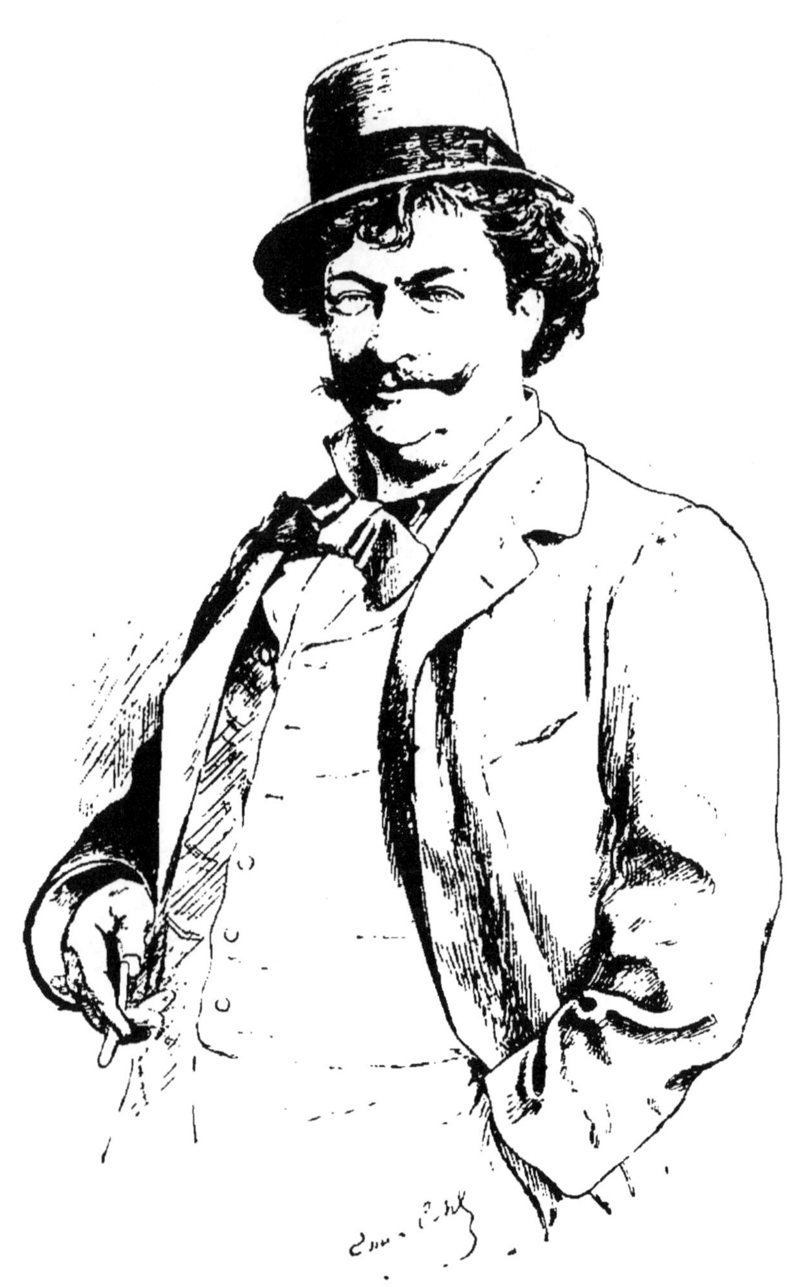

GILL EN 1879

pondirent à son attente, et après tous ces essais plus ou moins mal récompensés, une grande mélancolie commençait à s'emparer de lui. Son ambition inassouvie le dévorait. Il voyait s'approcher le moment où les avantages extérieurs, la force physique dont il était si fier lui feraient défaut, comme sa popularité décroissante, comme la richesse toujours convoitée, jamais atteinte. Une de ses poésies, *le Chat botté*, exprime bien ses impressions de cette époque :

« Matou charmant des contes bleus.
» Chat l'unique trésor des gueux,
» Chat qu'on adore,
» En son enfance et que, très vieux,
» Pour son langage merveilleux.
» On aime encore ;

. . . .

» Ah ! qu'il était, mon chat botté,
» Luisant d'amour et de gaîté,
» Quand, chat d'audace,
» Avec des airs exorbitants,
» Il précédait mes beaux vingt ans.
« En criant : « Place ! »
» Place au marquis de Carabas,

. . . .

» Avouez qu'il réussira.

. . . .

» Les fleurs nouvelles,
» Le ciel, à dater d'aujourd'hui,
» Sont à lui, les lauriers à lui,
» A lui, les belles!

. . . .

» Tout passe et casse,
» Et nu-pattes, navré, perclus,
» Mon ancien boute-en-train n'a plus
» Que la carcasse.

. . . .

» Et j'ai grand peur à tous moments
» De voir mourir d'épuisement,
» L'ami d'enfance,
» Que pour moins de solennité,
» J'appelle ici le chat botté,
» Mais qu'on nomme aussi : l'Espérance. »

Quoique Gill eût quarante ans à peine et qu'il affectât de se croire très jeune encore, il sentait une vieillesse prématurée le guetter. Les plaisirs du bal Bullier, les déclamations de brasserie, les excès de barrière qui l'avaient usé, ne lui suffisaient plus, l'immense tristesse d'une vie manquée pesait déjà sur lui. Son cœur aimant et bon malgré ses erreurs et ses fautes souffrait cruellement du manque de toute affection sérieuse et profonde. Il avait peur de l'isolement final, du désespoir suprême, de la vieillesse et de la mort.

Il essaya cependant de lutter contre le découragement qui l'envahissait.

« Parmi la chevelure brune.
Alors que le fil blanc paraît,
. . . .
Un lâche et stupide regret,
Envahit le cœur en secret.
(*Le cheveu blanc*) (1).

disait-il lui-même, plus tard. Il voulut réagir contre ce regret qui le rongeait. Une idée nouvelle lui était venue, il entreprit un vaste panorama contenant les portraits charges de toutes les célébrités actuelles, le décor choisi était la place de la Concorde; il s'associa le fils Carrier-Belleuse afin de travailler

(1) Derniers vers écrits par Gill à Charenton (1885).

à l'exécution de son projet. Un financier (Lepelletier) lui avait fait espérer des fonds et il pensait que cette spéculation suffirait peut-être pour lui assurer une modeste aisance. Vers le même temps un fils lui était né : il s'en trouvait heureux et par moments, malgré ses soucis et ses chagrins, il entrevoyait un avenir plus satisfaisant. Voici une partie d'une lettre écrite à cette époque à un de ses amis, un jeune homme qu'il avait encouragé et protégé et qui, suivant l'usage, ne le paya que d'ingratitude :

« Il y a longtemps que j'aurais dû vous écrire, finir votre charge. Je n'en ai rien fait... Que voulez-vous ? A mon âge on s'oublie à regarder tomber la neige... Au vôtre on cherche la pierre philosophale. Avez-vous trouvé ?... Moi, j'ai lâché le journalisme : j'ai deux tableaux au salon, trois mille francs d'économie et un fils : « Louis André Jacques » un fils âgé de huit jours qui n'a pas encore fait de dettes. Espérons.

» Je vais et viens de Paris à Bruxelles d'où » j'ai rapporté un bon portrait de Vallès pour » la prochaine exposition. Je fais en ce » Bruxelles paisible et clair un diorama » de 25 mètres qui, dit-on, me donnera des » rentes. Espérons encore.

» Si cela arrive, j'aurai un coin de masure » en vieux plâtre, auprès d'une source en- » dormie dans l'herbe... Bonsoir, voici le cré- » puscule... Espérons toujours. »

Toutes ces espérances se dissipèrent l'une après l'autre ; le crépuscule s'abaissait en effet sur le pauvre artiste, et précédait la sombre nuit de la folie.

Le fils de Gill mourut ; son panorama dont l'esquisse fut exposée le 7 janvier 1881, place Vendôme, ne put jamais être exécuté faute des sommes nécessaires. Ses embarras d'argent contraignirent le caricaturiste à un travail exagéré et peu productif, il se dépensait, multipliait les essais de tout genre, on rencontrait ses dessins dans une masse de très petits journaux. Las et déjà malade, il usait ses dernières forces et le reste de son courage à cette besogne ingrate.

Une lettre adressée le 30 août 1881 à un débutant qui lui demandait des conseils témoigne de l'état de son âme :

« Cher monsieur, vous avez vingt-deux ans et une bonne place, un avenir assuré. N'abandonnez rien de ce que vous tenez pour l'amour d'une chimère insaisissable souvent, presque toujours décevante. Moi : j'ai quarante ans. Je me suis, dès l'enfance, enthousiasmé pour l'art, dès la sortie du collège acharné à mon but. J'ai subi la faim, les humiliations. J'ai dû cent fois dévier de ma route pour accepter des métiers inférieurs. Ce n'est qu'à des heures bien rares et bien brèves que j'ai pu ressaisir mon rêve. Il y a six ans à peine que je puis exposer, au prix de quels sacrifices ! Et si le hasard m'a fait une heure de notoriété bruyante en un genre imposé par l'époque et la nécessité, je n'en suis pas moins resté blessé dans mon espérance qui était plus haute et dans la pratique de ma vie dont je n'ai pu encore assurer le bien-être.....

» Un affamé d'idéal, solitaire, acharné à sa folie, sans fortune, échappe rarement à l'ironie des imbéciles et plus rarement encore à la misère. »

Gill était alors constamment en quête de moyens d'existence, toutes ses ambitions étaient déçues et sa raison déjà ébranlée par une existence orageuse se troublait de plus en plus. Ses camarades étaient effrayés par l'orgueil bizarre que ses exagérations de langage trahissaient. Il ne pouvait se soumettre à sa destinée : ses désirs sans cesse contrariés s'exaspéraient et devenaient des obsessions.

Comme l'affamé rêve qu'il mange, comme le naufragé mourant de soif croit en songe se désaltérer auprès d'une source, Gill, sans famille, pauvre et presque oublié, s'imagina dans une hallucination qui le domina de plus en plus, être noble, riche et puissant. Il avait eu des visions dans sa jeunesse ; dans son âge mur, il fut pris du délire des grandeurs.

« Après tout, disait-il à un de ses amis, après tout je suis le comte de Guines.

— Pourquoi n'avez-vous pas gardé ce nom ?

— Je voulais une noblesse plus forte. »

Il partit pour la Belgique avec deux actrices auxquelles il avait promis un magnifique engagement et à qui il tint pendant la route des discours extravagants. Il eut en traversant le champ de bataille de Waterloo un éclair de raison pendant lequel il écrivit un superbe sonnet.

« Ce n'est plus aujourd'hui qu'une très morne plaine,
» Où le rare passant d'histoire illuminé
» S'arrête par moments, frémissant, étonné.
» S'imaginant marcher dans de la chair humaine.
. . . .
» Par trois fois, j'ai crié d'une voix éclatante :
» Napoléon ! L'écho ne m'a pas répondu (1) ».

Le mal le reprit brusquement à Malines. Il mit plus de vingt-quatre heures à faire à pied le chemin de trois heures qui sépare cette ville de Bruxelles. Il a raconté lui-même dans ses « Vingt années de Paris » cette terrible course où il se débattit à la fois contre un violent orage, la nuit, et les cauchemars qui hantaient son cerveau détraqué.

« Assez mal renseigné sur la route à suivre,

(1) *La jeune France*, t. IV, n° 43, 1er novembre 1881, page 328. Gill composa ce sonnet le 12 octobre.

dit-il, je me mis donc à errer par la plaine, buttant aux monticules, roulant aux fossés, chutant aux ruisseaux. Au bout d'une demi-heure, j'étais en guenilles et couvert de boue.

» Le vent me jeta tout à coup sur un arbre dont le choc m'étourdit et me fit ricocher dans une mare : en me relevant j'aperçus deux yeux flamboyants fixés sur moi. C'était un loup. Je crois l'avoir tué d'un coup de canne.

» A l'aube blanchissante, quelques chaumières m'apparurent, encore endormies, la plupart dévastées par l'ouragan ; j'y frappai. Les paysans stupides me regardèrent avec terreur, donnant tous les signes de la plus vive agitation et refusèrent de m'ouvrir.

» Ce n'est que beaucoup plus tard que j'ai compris qu'ils me prenaient pour un fou. »

On le recueillit à Bruxelles et deux de ses camarades, Gil Naza et Stocquart le firent entrer dans l'asile d'Ever. Vallès vint l'y chercher et le ramena à Paris. « J'ai tué deux loups, lui dit Gill en voyage. J'ai un million de rente. Je fais bâtir sur une lieue de façade. Puis il se plaignait d'avoir souffert du froid et de la faim, subi la camisole de force et il ajoutait : « Nous allons ameuter la foule et » marcher contre les maisons de fous. »

De retour à Paris, il fallut le conduire après un court séjour au Grand-Hôtel d'abord, à la Ville Evrard et à Sainte-Anne, puis à Saint-Maurice (Charenton).

Pendant ce temps, une controverse très vive s'engageait à son sujet entre Vallès et Richepin. Le premier avait contre le malheureux caricaturiste deux griefs sérieux ; Gill l'avait représenté jadis en molosse — Vallès, dit Wolf, mit de tout temps une certaine coquetterie à passer pour un bouledogue — il le montrait en chien lamentable et crotté, suivant un corbillard de pauvre et traînant à la queue une casserolle retentissante(1). Vallès qui venait d'écrire un article ému intitulé : « Le Convoi du pauvre » trouva la plaisanterie détestable. Il en voulait aussi à Gill d'avoir renié la Commune dans sa lettre au *Figaro*, et épancha toute la bile accumulée durant de longues années dans trois articles pleins de mépris et de pitié dédaigneuse publiés dans le *Réveil* (2). Il reprochait amèrement à son infortuné ami le rôle qu'il avait joué en 1871. Richepin prit vaillamment la défense de Gill :

« J'aimais beaucoup Vallès. Aujourd'hui, c'est fini, je me contente de l'admirer, mais sans le comprendre et je ne l'aime plus.....

(1) *La Lune*, n° 71.
(2) *Le Réveil* 23-31 octobre, 4 novembre 1881.

» Il m'a suffi de voir comment il entendait l'amitié à l'égard du pauvre, et bon, et généreux, et cher André Gill.

« Celui-là l'aimait certes et presque comme un dévot aime son Dieu. Et Vallès aussi aimait Gill, je n'en doute pas un instant. Mais quelle façon singulière de l'aimer ! A peine le grand artiste enfermé, quel est le premier mot de Vallès parlant de lui ? Ah ! c'est incroyable vraiment. Et il m'a fallu relire et relire encore les deux articles de Vallès dans le *Réveil* pour me convaincre que je ne rêvais point. Mais non, les phrases étaient bien imprimées et flamboyaient et me crevaient le cœur en même temps. La conclusion de Vallès sur le désastre de Gill la voici crûment : « C'est bien fait ! » Pour Vallès, Gill est devenu fou, parce qu'il était un artiste et non un barricadier. Et Vallès lui reproche de n'avoir pas cru à la Commune, de l'avoir reniée après la défaite, d'être un égoïste (le mot y est), un lâche (l'accusation y est) et de n'avoir jamais songé (je cite textuellement) qu'à sa bourse et à sa gloire et voici qu'aujourd'hui, dit-il en finissant, nous sommes forcés de mendier pour lui en prenant son crâne fêlé pour sébile. Mendier ! Il a eu le courage d'écrire mendier ! Et il a enchâssé cela dans un trait de rhétorique ! Et il aimait Gill ! Et il lui fait cette oraison funèbre à coups de poings, ce réquisitoire de colère et de haine, lui son ami ! (1) »

Et Richepin concluait en développant cette idée que le public avait une traite à solder à Gill, qu'il lui devait une réparation, de la gloire et de l'argent. La discussion se termina suivant l'usage par l'échange de quelques vérités désagréables entre les deux adversaires.

(1) *Gil-Blas*, nº du 2 novembre 1881. Voyez aussi « Le Vrai million ». *Gil-Blas*, nº du 26 octobre 1881.

Pour améliorer son sort ses amis avaient organisé une représentation à son profit : elle eut lieu à l'Odéon le 3 novembre; Coquelin récita le poëme d'Albert Lambert sur le pauvre caricaturiste (2). Gill était entré à Charenton le 25 octobre 1881 : après une courte période d'agitation il était devenu très tranquille. Ceux de ses anciens camarades qui allèrent le voir le trouvèrent affaissé, négligé dans sa tenue, le regard vague, le pensée affaiblie, il paraissait résigné, indifférent à tout et il refusait de dessiner disant qu'il ne pouvait travailler avec fruit qu'en liberté. Au fond, il ne prenait pas son parti d'être ainsi prisonnier : « On ne songe qu'à fonder des maisons de fous, disait-il jadis en relevant sa moustache de son geste habituel, quand est-ce qu'on créera des maisons d'imbéciles ? »

(1) *André Gill*, poëme par Albert Lambert. Par Tresse, 1881, in-18, 14 pages.

Il était convaincu que la presque totalité de ses compagnons d'infortune était enfermée à tort dans un asile d'aliénés. Voici des fragments d'une lettre qu'il écrivit à Saint-Maurice pendant la première période de sa maladie. Il avait alors l'intention de s'enfuir et il parle de son évasion comme d'un fait accompli.

« Monsieur le rédacteur, je suis hors de Charenton depuis hier... Vous pouvez dire si bon vous semble que je me suis évadé. Ce qui est certain, ce qui sera attesté par tous ceux qui m'ont suivi depuis Bruxelles jusqu'à Paris c'est que je n'ai jamais trouvé, sauf à Ever, l'aliéné dans la proportion de 1 sur 10.

» Il y a quelques imbéciles, quelques, affaiblis, les fous sont presque introuvables. Cela n'empêche pas de séquestrer les hommes à tort et à travers. J'en suis l'exemple : j'ai été

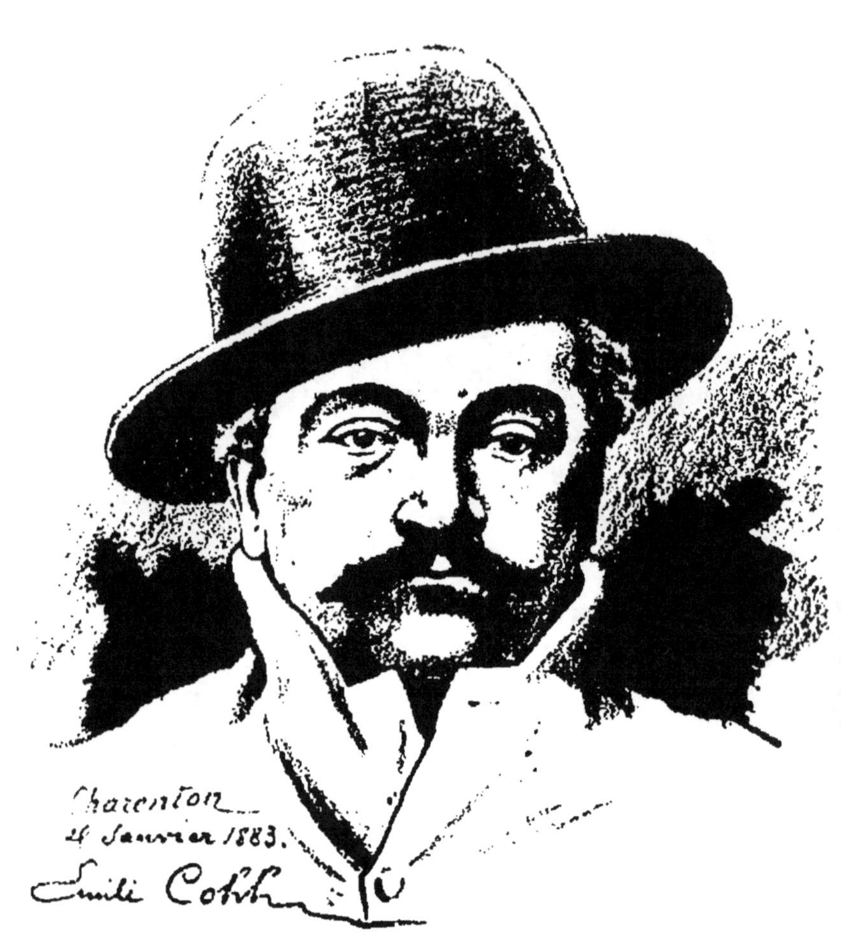
Charenton
24 Janvier 1883.

séquestré dans les cellules et torturé dans les camisoles de force comme un fou furieux. Je connais quantité de malheureux qui sont traités de la sorte sans plus de motif...

» Cela tient à ce que rien n'est plus facile que de supprimer un homme ou d'accaparer une fortune en adressant son propriétaire à Charenton...

» Une fois entré ne croyez point qu'il soit possible de réclamer, toute correspondance est rigoureusement confisquée. Tel détenu a vainement écrit trois cents lettres.

» Pour ma part j'ai vainement écrit à G...,à R...,à L..., à C...,à D..., à quantité d'autres. D'ailleurs, mes lettres, fussent-elles parvenues, ne m'auraient rien rapporté. J'ai appris dans ce temps à connaître ce qu'on nomme les amis. Quelques-uns sont venus me voir comme au Jardin des Plantes le singe dans sa cage, mais nul n'a songé à me réclamer.

» Ainsi sont oubliés et meurent des centaines d'êtres intelligents qui eussent pu se rendre utiles à la patrie....... »

Plus tard, au commencement de janvier 1882, autre protestation.

« Mon cher docteur, voilà bientôt six mois que l'infamie, l'ignorance ou la stupidité des aliénistes me traîne de cellule en cellule et de camisole en camisole. Or vous savez que de ma vie, je n'ai subi la moindre indisposition cérébrale. Veuillez donc, s'il vous plait, mon cher docteur, employer votre autorité à faire cesser cette infamie et à me faire remettre en liberté.

» Mille remerciements par avance.

» André GILL.

« 10 janvier 1882. »

Peu après, un mieux se fit sentir : l'incurable maladie du pauvre Gill en était arriv à ce que les aliénistes appellent la période de rémission.

Le 28 janvier 1882, il sortit de Saint-Maurice maigri et les cheveux blanchis ; il reprit sa vie habituelle mais il était loin d'être guéri ; « J'ai envoyé un chèque de cent mille francs à chacun de mes camarades, disait-il à un journaliste rencontré par hasard, je vais penser à vous. Maintenant que je suis riche il ne faut pas que mes amis crèvent de faim. » La bonté naturelle de son cœur se manifestait jusque dans sa folie.

Il fit quelques caricatures pour la *Nouvelle Lune* et exposa au Salon un sinistre tableau, « *le Fou* ». Le jour du vernissage, il vit son œuvre reléguée près du plafond et cette déception lui porta un coup si rude qu'il chancela et changea de couleur en essayant de bégayer quelques mots. Le soir il murmurait des paroles sans suite en courant sur le boulevard. Il traîna cependant encore pendant une semaine; il quitta Paris, errant dans la campagne et voyant « partout des prairies, des forêts, des étendues marécageuses où l'on butte à chaque pas. » Il fut arrêté à Bergères et ramené à Clairvaux par la gendarmerie. Un billet adressé le 5 mai 1882 à un de ses amis avec lequel il avait eu une discussion, indique bien le dérangement de son esprit. L'enveloppe portait la suscription suivante : « A Mélandri, photographe susceptible comme la femelle de l'oiseau bleu. (qui est sur ses petits bleus). »

« Permettez-moi de croire que c'est vous tout au contraire dont les premiers soleils ont turlupiné le crâne.....

» Je n'ai aucun souvenir d'avoir cherché malice, je ne me suis jamais froissé. Tout au contraire vous sais-je un gré infini d'avoir été dans la débandade de bavards qui ont écrit sur moi, le seul qui m'ait fait plaisir par le ton affectueux, la discrétion et la délicatesse (1).....

» Vous devez savoir que jamais je n'ai eu d'arrière pensée et qu'il n'est considération au monde qui me ferait mâcher ce que je pense...

» Relevez-vous, je vous pardonne... »

Le 13 mai 1882, il fallut le réintégrer à Charenton.

Depuis, il ne fit plus que décliner. D'abord sa folie ne fut pas continue : il avait des intervalles de raison pendant lesquels on lui permettait de sortir. Emile Cohl, son élève, lui resta fidèle jusqu'au bout. Il l'emmenait en voiture et, à sa prière, lui faisait faire le tour de l'Arc de Triomphe : c'était sa promenade favorite, son idée dominante, surtout

(1) Gill fait allusion à l'article Mélandri publié par la *Chronique illustrée*, n° 65 (1881).

depuis le moment où rentrant dans son atelier de la rue Denfert, il le trouva vide de ses ébauches, de ses tableaux et de ses souvenirs. Pour désintéresser ses créanciers on avait fait transporter à l'hôtel Drouot ses œuvres et ses meubles (1).

Pour améliorer le sort du pauvre fou, Cohl organisa en sa faveur une exposition de ses œuvres. Elle fut ouverte le 15 décembre 1883. La plupart des tableaux et des dessins

(1) Cette vente, qui eut lieu le 17 janvier 1883, fut organisée avec une déplorable négligence; les amateurs — très nombreux — ne purent pénétrer dans une salle trop petite, aussi les principales toiles furent-elles adjugées au-dessous de leur valeur. Citons : l'*Esquisse du Panorama*, 2.005 francs. — *Le Nouveau-Né*, 1,510 francs. — *Le Fou*, 600 francs. — *Les Lilas*, 145 francs. — *Crispin* 50 francs. — *Le Requiem du Rossignol*, 700 francs. — *Le Nain dans les roses*, 460 francs. — *La Rixe*, 210 francs. — *L'Enseigne de la ferme de Saint-Siméon à Honfleur*, 70 francs. — *La Pétroleuse*, très belle aquarelle, 77 francs. — *Charge de Gambetta*, le grand chef de l'opportunisme cherche vainement à couper sa queue, 60 francs. — *Charge de Rochefort*, 60 francs — *Charge de Sarah Bernhardt*, 41 francs. Le total de la vente s'éleva à 10.000 francs. (Consultez : Paul Eudel, *L'hôtel des ventes et la curiosité en 1883* (troisième année, pages 1 à 16.)

de Gill y figuraient, elle n'eut malheureusement aucun succès (1).

Parfois le malheureux artiste se rendait compte de sa triste position, et il avait des mots navrants.

« Mon cerveau, disait-il un jour, est une persienne ; il y a comme des trous ». Et, à un visiteur impoli qui n'ôtait point son chapeau pour lui parler : « On se découvre devant un mort. »

Une autre fois, il montrait un moulin : « Ici, on écrase du blé pour faire de la farine » puis désignant Paris du doigt : « Là, on écrase des cerveaux pour faire des fous. »

Il ne se consolait pas mieux d'être enfermé dans l'asile. Le 26 avril 1884, il datait une lettre : « Des profondeurs de l'immonde enfer de Charenton Saint-Maurice. »

(1) Consultez notre compte rendu de cette exposition, *Moniteur universel* du 16 décembre 1883!

Au commencement de 1885, son état s'aggrava sensiblement. Quand on lui apprit la mort de Vallès, il pleura et lorsqu'on lui demanda s'il savait de qui on lui parlait, il esquissa du bout du doigt dans l'air un rapide portrait de son ami. Ce fut la dernière lueur de son intelligence et de son souvenir, la dernière manifestation de son cœur : « Ceux que j'aime, disait-il, seront aimés jusqu'à la fin de mon souffle et sans refroidissement. » Il avait tenu parole.

Sa longue agonie se termina bientôt après.

Il mourut le vendredi 1er mai, à trois heures du matin, d'un accès épileptiforme qui avait commencé dans la journée de la veille. Il n'était plus depuis quelques semaines qu'un cadavre ambulant et ceux qui le virent mort ne le reconnurent pas.

Le docteur Christian fit son autopsie et résume ainsi les caractères de sa maladie :

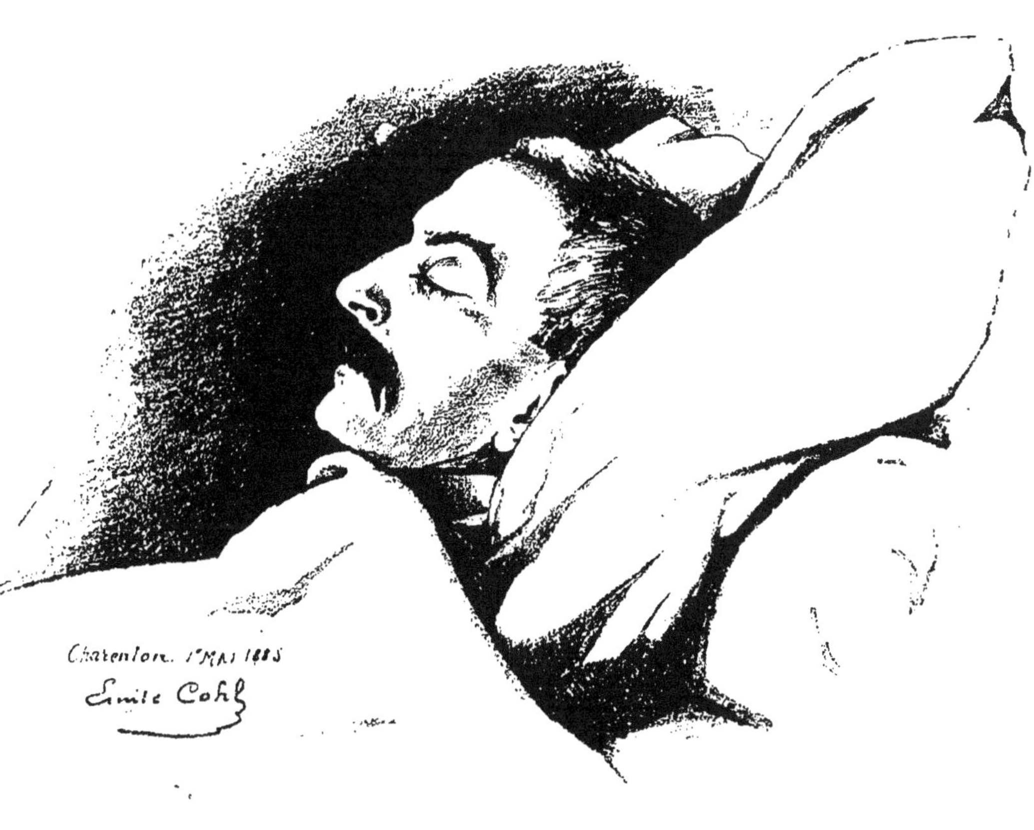
Charenton. 1er Mai 1885
Emile Cohl

RECUEIL DE FAITS (1)

Paralysie générale chez un héréditaire. — Première période douteuse. — Rémission. — Deuxième période caractéristique. — Forme insolite de certains symptômes. — Autopsie.

Le malade dont il s'agit était un artiste qui a eu son heure de célébrité, et dont le nom a retenti dans bien des journaux.

Ce n'est pas pour cela que je publie son observation. X... (2) était atteint de paralysie générale, comme l'autopsie l'a démontré,

(1) M. le docteur Christian, médecin principal de l'asile de Saint-Maurice, a bien voulu nous communiquer cette intéressante observation qu'il avait publiée d'abord dans les *Annales Médico-Psychologiques*, n° de septembre 1885, page 215.

(2) André Gill.

mais cette affection, qui a duré plusieurs années, a présenté dans son évolution des particularités remarquables, utiles à signaler. On voudra peut-être se rappeler les pages que j'ai écrites dans les *Annales* sur les difficultés que présente, dans certains cas, le diagnostic de la paralysie générale : j'avais alors, en quelque sorte, pris l'engagement de recueillir et de publier les faits qui pourraient éclairer le problème. L'histoire de X... me paraît, à ce point de vue, des plus intéressantes et des plus instructives.

X... est né à Paris au mois d'octobre 1840 ; il était enfant naturel. J'ai pu savoir que le père et le grand-père paternel, ainsi qu'une tante paternelle, sont morts de congestion cérébrale. Une sœur en bas âge a été emportée par les convulsions ; lui-même à l'âge de quatre ans, a eu une fièvre cérébrale.

Son enfance ne fut pas abandonnée, et,

quand il fut d'âge, on le plaça au lycée. Mais il fut impossible d'obtenir que son caractère indisciplinable se pliât à aucune règle, et, dans aucun des établissements où on essaya successivement de le placer, il ne put s'astreindre à un travail suivi. Il avait un admirable talent de dessinateur et un esprit naturel très vif; il en fit preuve plus tard comme journaliste. Mais lorsque, après des études incomplètes et souvent interrompues, il voulut, livré à lui-même, conquérir sa place au soleil, que d'années de misère et de privations, avant d'arriver à se suffire!

Vint l'heure du succès, X... le supporta moins bien qu'il n'avait supporté la pauvreté. Son caractère naturellement orgueilleux, s'excita davantage. Il vécut largement, semant à pleines mains et sans compter, l'argent que maintenant il gagnait facilement. D'une santé robuste, d'une vigueur qu'il aimait à vanter, d'un extérieur avantageux, il ne sut éviter aucun excès, et, ce qui était plus grave, il prit l'habitude de vivre dans un état de surexcitation continuelle, pérorant dans les cafés et les ateliers, se grisant de sa parole et exagérant de plus en plus sa propre personnalité.

Voici le portrait qu'en fait un de ses biographes, qui fut en même temps son ami.

« Il déclamait debout sur une table, robuste et beau, les cheveux dans le gaz au milieu d'un cercle de chopes. Sa voix de faubourg, un peu lourde, laissait tomber la rime et déhanchait la phrase qu'il dessinait d'un coup de pouce en rapin.

» La vie continuait à s'égailler, à hue, à dia, brûlée à tous les becs de gaz, acclamée sur les tables de café dont il ne sut jamais descendre ».

Diafoirus.

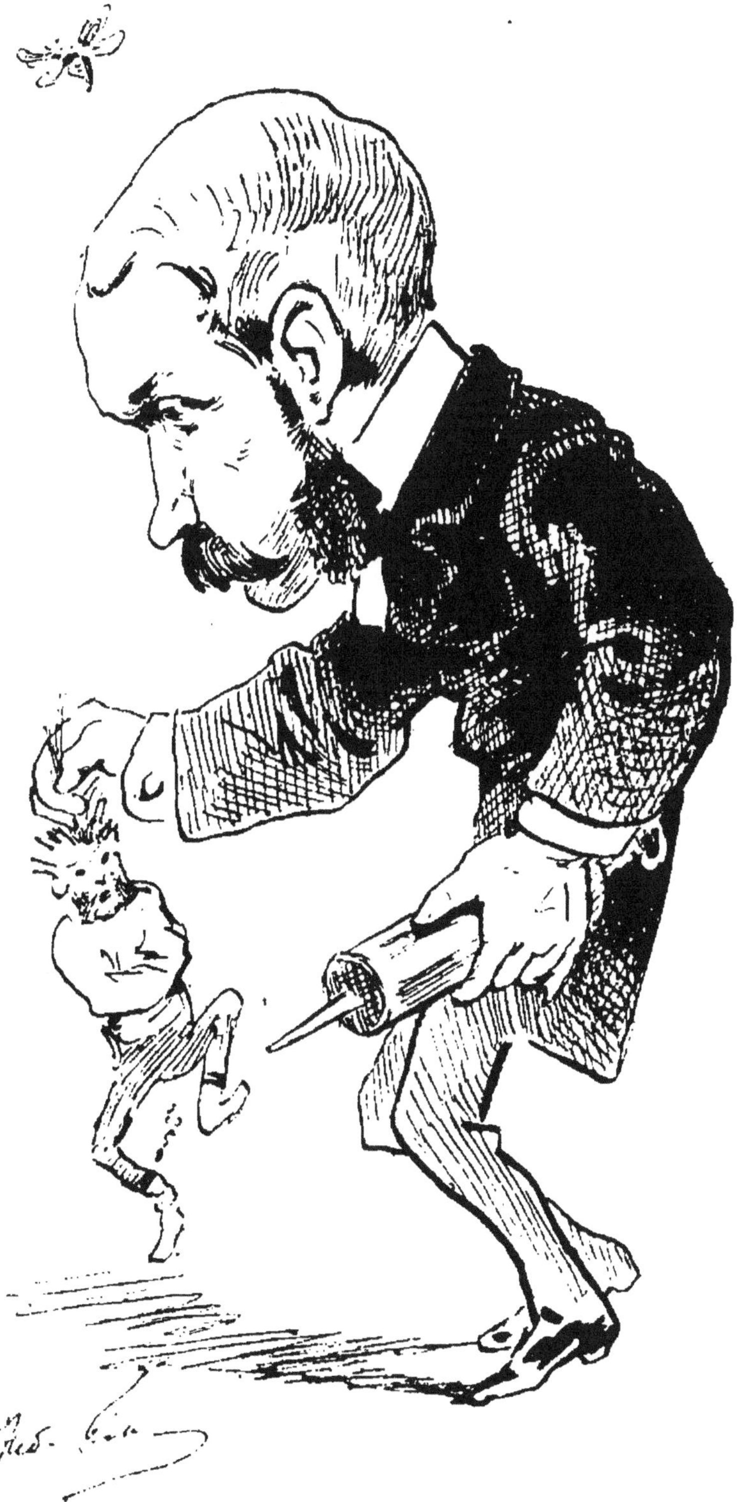

(ALPHONSE DAUDET, préface à *Vingt années de Paris*. voir p. IV et V.) (1).

Pendant la Commune, X... ne joua qu'un rôle secondaire ; nommé conservateur de l'un de nos grands musées, il s'y montra ce qu'il était en réalité, doux et facile. Aussi ne fut-il guère inquiété, et put-il retourner à son métier de journaliste et de caricaturiste.

Mais les besoins d'argent devenaient plus impérieux, et X... rêva, comme tant d'autres, les richesses qui devaient le mettre à même de satisfaire toutes ses fantaisies. La vogue était aux panoramas : X... voulut avoir le sien, et il entra en négociations avec des hommes d'affaires. Le projet n'aboutit pas, ce qui fut pour lui une vive déception. Il en avait eu une autre, dont il avait cruellement

(1) Un jour Cohl lisait à Gill cette préface d'Alphonse Daudet, en entendant cette phrase il se mit à sourire en disant : « Charmant, charmant, seulement Daudet se trompe, c'est lui-même qui montait sur les tables, il a la mémoire courte et l'imagination méridionale. »

souffert : il rêvait d'être décoré pensant que son attitude politique, ses services comme journaliste, lui méritaient cette distinction : il ne put se consoler qu'on le fit attendre.

Son esprit s'exalta insensiblement. Des excès alcooliques précipitèrent la catastrophe. Un jour, il partit précipitamment pour la Belgique en quête d'un banquier pour son panorama à Bruxelles, il échappa aux personnes qui l'accompagnaient, et deux jours après, on le trouva couché dans la campagne, à moitié mort de faim et de fatigue, l'esprit complétement troublé. Placé d'abord à l'Asile d'Ever, il ne tarda pas à être ramené en France, et, le 25 octobre 1881, il entrait à la maison de Charenton.

Il n'est pas douteux pour moi que, dans ce voyage en Belgique, X... ait agi sous l'influence d'un délire alcoolique. Il a raconté lui-même, dans un livre qu'il fit publier lors de sa sortie de Charenton, en 1882, les sensations qu'il avait éprouvées: elles sont absolument caractéristiques.

« Je me mis en route. Cette distance est de trois lieues à peine; il me fallut toute la nuit et le jour du lendemain pour en avoir raison. Il faut dire que vers cinq heures *le ciel s'était couvert de nuages noirs, et qu'un vent terrible s'était mis à souffler déracinant les arbres, et roulant les toits*, fauchant les herbes. »

Quand il nous arriva, les symptômes d'alcoolisme avaient disparu, à l'excitation avait succédé une assez profonde dépression. Troublé, anxieux, inquiet, et répondant à peine aux questions qu'on lui faisait, il s'irritait facilement et parlait avec colère des *infâmes canailles* qui l'avaient arrêté à Bruxelles. Il promettait de tirer d'eux une vengeance exemplaire. Il se disait riche, son panorama valait un million; il avait plus de 60,000 francs de rente, etc.

L'état physique paraissait assez bon. La trace des fatigues et des excès qui avaient précédé son internement, était encore visible; mais après quelques jours de repos, la santé était redevenue excellente.

Les pupilles étaient inégales; la gauche plus dilatée que la droite. Y avait-il de l'embarras de la parole? Il était difficile de se prononcer à cet égard, X... ayant l'habitude de ne parler qu'en serrant les dents et en fermant la bouche, peut-être pour cacher qu'il lui manquait deux incisives.

Si donc les idées délirantes et même certains symptômes physiques (inégalité des pupilles), devaient faire admettre l'idée d'une paralysie générale, il me parut cependant difficile d'affirmer ce diagnostic dès le début, et la marche de la maladie, pendant les premiers mois, vint encore ajouter à mes doutes.

Les idées de grandeur et de richesses, de talent hors ligne, ne quittèrent jamais le malade : mais elles ne tenaient plus que le second plan. Ce qui dominait, c'était un véritable délire triste, entretenu par des hallucinations multiples, surtout nocturnes. Il criait la nuit ; il avait alors d'affreux cauchemars, on l'appelait *voleur*, on remplissait sa chambre d'odeurs infectes ; on y mettait des cadavres.

Ce délire se maintint avec toute la fixité qu'on est habitué à rencontrer dans les folies systématisées.

Après des alternatives variées, des périodes d'agitation fréquentes, il survint peu à peu une accalmie. L'état physique restait bon, X... se remit au dessin ; il fit quelques portraits et des caricatures qui parurent dans les journaux illustrés. A la fin de janvier 1882, l'amélioration parut assez marquée pour qu'il y eût lieu de se rendre aux instances de ses amis et de le remettre en liberté.

X... sortit le 28 janvier 1882, et il retourna à son atelier.

C'est alors qu'il fit son tableau intitulé *le Fou*, qui parut au Salon, et qui, au dire des juges compétents, n'était pas une œuvre sans valeur. L'idée fixe s'y montrait cependant : il plaçait son *fou* dans un cachot, avec une miche de pain et une cruche d'eau, auxquelles il lui eût été d'autant plus difficile de toucher, qu'il avait la camisole. Le cachot lui-même était de la fantaisie. X... ne se souvenait donc pas, qu'au moment même où il faisait son tableau, il écrivait sur Charenton un article où je lis (*loc. cit.* p. 196) :

« Pour mon début, on me séquestrait à la huitième, la division des agités, des fous dangereux; je ne pouvais pas être mieux servi. Je m'attendais donc à vivre dans une tempête de cris, de coups, de vociférations, de bonds désordonnés, d'extravagances. Quelle ne fut pas ma surprise en me trouvant dans un groupe de seize à dix-huit personnes *parfaitement recueillies, reposées et bien portantes*. A peine deux fous. »

Il y aurait encore bien des traits curieux à signaler dans cet article, assez spirituellement tourné ; il y faudrait noter surtout comment, sous l'influence de son délire, X... transforme les faits qu'il a réellement observés.

Ainsi, les corneilles qui viennent par bandes, pendant les mois d'hiver, s'abattre dans le parc et dans les préaux, attirées par le pain et les vivres que leur distribuent abondamment les pensionnaires, ces corneilles deviennent « des nuées de corbeaux attendant les cadavres que Charenton se charge de leur fournir... »

Une fois en liberté, X... reprit l'existence décousue et désordonnée dont il avait l'habitude; après peu de semaines, il devint évident pour tous, qu'une nouvelle séquestration était urgente.

A cette rechute on voulut attribuer diverses causes, l'insuccès du salon, les déceptions nouvelles auxquelles s'étaient heurtées ses ambitions... La vérité est que X... était sorti de Charenton non guéri, et que son mal, un moment enrayé, avait repris sa marche envahissante.

Le 13 mai 1882, X... rentra à Charenton. Le nouvel accès avait éclaté comme le premier. Brusquement, X... avait quitté Paris, sans but, sans argent... Deux jours après, les gendarmes le ramassaient exténué dans une commune du département de l'Yonne, où il était arrivé sans savoir ni pouvoir dire comment.

X... nous revenait amaigri et affaibli ; cette fois, le diagnostic n'offrait plus de difficultés. L'embarras de la parole restait malaisé à constater pour les raisons que j'ai dites plus haut ; mais l'intelligence avait notablement baissé, et le délire ambitieux était devenu tout à fait absurde : le *milliard* en faisait le fond. Les pupilles restaient inégales.

La déchéance intellectuelle fut rapide et ne s'arrêta plus ; il ne fut plus possible d'obtenir de lui ni dessin, ni travail quelconque. Il écrivait cependant beaucoup mais c'étaient des lettres de paralytique : écriture tremblée, incertaine, mots oubliés ou incomplets, idées de plus en plus puériles et incohérentes. Les cauchemars et les hallucinations nocturnes persistaient.

Dans une lettre que X... adressait au

Préfet de police le 21 avril 1884, il disait :

« Depuis le temps *que je vous parle la nuit*, et que je vous écris le jour, etc. » L'appétit était vorace ; mais il avait des jours où il refusait tout aliment.

En juillet 1883, attaques épileptiformes, survenant par séries de 50 à 60 dans l'espace de vingt-quatre heures s'accompagnant d'une élévation rapide de la température : le thermomètre montait de 37°,2 à 39°,6 mais revenait bientôt à 37. Les attaques eurent ceci de remarquable qu'elles ne furent pas suivies de la période comateuse habituelle ; au contraire, il semblait que pour quelques jours l'intelligence fût redevenue plus nette, plus lucide.

Pareilles attaques se répétèrent souvent ; je les trouve notées en octobre et en novembre 1883, en janvier, avril et juillet 1884. Ce furent les dernières. Mais le malade continua à s'affaiblir au physique et au moral. Tantôt agité, tantôt plongé dans la stupeur, il paraissait étranger à tout ce qui se passait autour de lui. Le délire ambitieux persistait : « Il puise des rivières de diamants; — il crache des milliards ; — demain Charenton sera rasé et il en construira un palais tout en or, etc. » Par moment reparait le délire triste, avec des idées de poison.

Vers l'automne de 1884, l'amaigrissement se prononce davantage, X... tousse et crache beaucoup. Bientôt il ne peut plus quitter l'infirmerie, où souvent il reste couché des journées entières. Le 30 avril 1885, pendant la visite d'un de ses amis, il est repris de convulsions épileptiformes, et il succombe, sans avoir repris connaissance, dans la journée du lendemain.

AUTOPSIE

L'autopsie, pratiquée vingt-quatre heures après la mort, permit de constater les lésions classiques de la paralysie générale: méninges épaissies, injectées, parsemées de taches blanchâtres, lactescentes. Elles adhèrent intimement à la substance corticale, et ces adhérences existent dans presque toute l'étendue de la convexité des hémisphères; on les retrouve également à la base; la substance grise qui est injectée et ramollie; la substance blanche est diminuée de consistance. Le poids total de l'encéphale est de 1,360 grammes; les deux hémisphères cérébraux pèsent, le droit 590 grammes, le gauche 560 grammes.

Mais ce qui frappe surtout, c'est le développement asymétrique du crâne: le côté gauche est beaucoup moins développé que le côté droit ; cette différence est particulièrement sensible à la base du crâne.

Les deux poumons sont farcis dans toute leur étendue de tubercules en voie de ramollissement.

RÉFLEXIONS

Rien de particulier dans les autres organes.

1° X... était atteint de paralysie générale, cela n'est pas douteux, mais cette paralysie générale a suivi une marche que nous ne sommes pas habitués à voir. Sous ce rapport, la maladie de X... peut se diviser en deux périodes distinctes, séparées par une rémission. La première période a été bien différente de ce qu'elle est d'ordinaire ; on eût dit plutôt une folie systématisée. La rémission elle-même a été si complète qu'elle a confirmé mes doutes. Quand j'ai vu X... faire un tableau, dessiner, écrire des articles de journaux, — j'ai trouvé là une rémission tellement différente de celles que j'observe si souvent dans la paralysie générale classique — qu'il m'a fallu les caractères tranchés de la seconde période, pour que le diagnostic fût certain.

2° Cependant, je ne voudrais pas admettre qu'il y a eu chez X... deux maladies distinctes. Non, il était paralytique général dès le début; seulement, la première période a été tout à fait insolite.

3° A quoi a pu tenir cette marche insolite de la paralysie générale chez X... ? *Je n'attache pas grande importance à l'alcoolisme passager* dont il a présenté les symptômes; ce n'a été qu'un épisode accidentel. Mais X... était un HÉRÉDITAIRE, et l'influence de l'hérédité s'était traduite chez lui par des stigmates profonds, par cette remarquable asymétrie du crâne que nous avons trouvée à l'autopsie, et qui pendant la vie ne nous était pas apparue. On verrait donc ici la confirmation de ce qu'ont avancé un certain nombre d'auteurs, et notamment Doutrebente dans sa thèse, à savoir que, lorsque la paralysie générale survient chez un héréditaire, celui-ci conserve ses tendances premières à la périodicité et à la chronicité.

4° L'influence héréditaire, nous le voyons, domine toute l'existence de X... Elle en explique le décousu et les bizarreries. Elle permet de comprendre pourquoi tant de brillantes facultés n'ont pas donné ce qu'il était légitime d'en attendre, pourquoi il n'a jamais su s'astreindre à une vie de travail régulière et suivie; elle donne la clef des lacunes et des défaillances qui ont empêché son talent de s'épanouir.

5° *Aussi ne faudrait-il pas croire que ce sont les excès et les irrégularités de la vie qui ont causé la paralysie générale de X... C'est par eux que l'influence héréditaire s'est révélée d'abord, mais la paralysie générale n'a été que le dernier terme de l'évolution morbide dont il avait apporté le germe en naissant :* X... était prédestiné, son triste sort n'en mérite que davantage notre sympathie.

Dr CHRISTIAN.

Les obsèques du malheureux artiste eurent lieu le dimanche, 3 mai, au cimetière de Saint-Maurice où repose encore sous une humble croix sa dépouille mortelle.

Une poignée d'amis l'accompagna à sa dernière demeure et Clovis Hugues improvisa quelques paroles sur sa tombe.

C'était par une de ces après-midi printa-

Revanche.

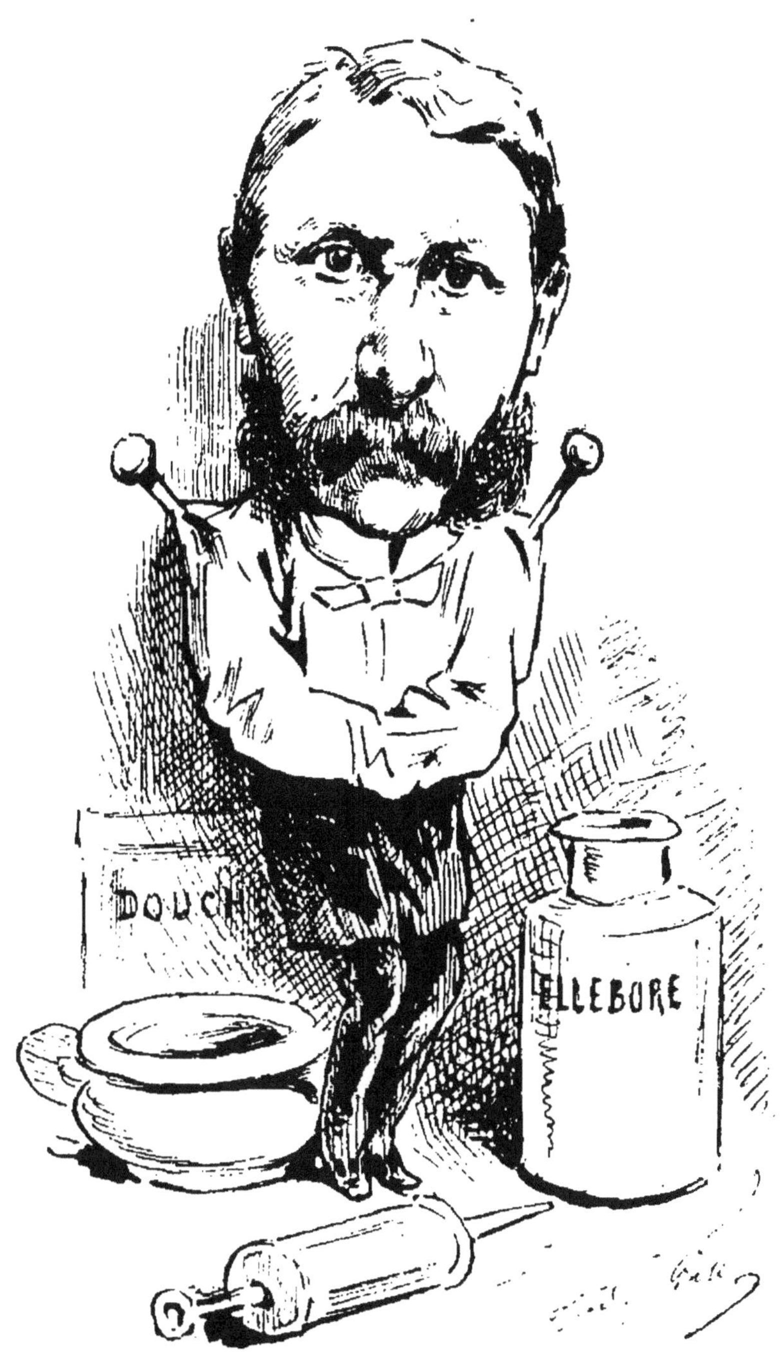

nières, mêlées d'averses et de rayons où la grande ville qui apparaît au loin radieuse et noyée dans une vapeur d'or semble une image des splendeurs que rêvait le malheureux artiste.

« Lorsqu'au soleil séchant sa robe,
Mai tout mouillé rit dans les champs »

Quand tout dans la nature est vie et rajeunissement il est bien difficile en déposant un corps comme une semence dans la terre de ne pas espérer la résurrection suprême, le printemps des ensevelis.

Des graines les plus misérables, sortent parfois des plantes belles et vigoureuses. Qui osera dire ce que sera le pauvre Gill quand viendra le grand renouveau. — ?

BIBLIOGRAPHIE

BIBLIOGRAPHIE

DES

CARICATURES. — DESSINS. — EAUX-FORTES. — TABLEAUX ET AUTRES ŒUVRES D'ANDRÉ GILL.

CARICATURES ET DESSINS

Almanach album, comique (*grand*) *pour 1869*. Paris, Fayard, 1869 — in-8°.

Dessins de Cham, Gill, Randon, Mailly.

Compositions de Gill : Après la distribution des prix. — Les bains froids. — L'amateur de violon, ce dernier dessin avait déjà paru dans la chronique illustrée (13 décembre 1868. N° 18).

Album de la Lune et de l'Eclipse. Paris. Aux Bureaux de l'Eclipse, 1872 — in-4°. Couverture coloriée dessinée par Gill.

Album contenant la réduction des cent principales charges publiées par André Gill dans la *Lune* et dans l'*Éclipse*.

Album drôlatique (*pour 1870*). Paris, au dépôt central des almanachs — in-8°.

Dessins de Gill :

Les quatre règles. — Les bals masqués. — Prédiction pour le 1er janvier 1870. — Les quatre éléments.

Almanach anti-clérical (3e année, 1881). Paris, librairie anti-cléricale — in-18.

Dessins de Gill :

Le Nouveau Chemin de la Croix (*Napoléon dernier*) p. 18. — L'abbé Fouillouse (*Tous Tartufes*) p. 45. — Le R. P. Montclar, jésuite (*id.*) p. 48. — Monseigneur Esclongon, évêque (*id.*) p. 53.

Almanach du hanneton (*pour 1867*). Paris, aux bureaux du journal — in-18.

Frontispice de Gill.

Monselet (*charge et sonnet*) p. 71 — Pierrot (*id.*) p. 77. — C'est lui (*Dumas, père*) p. 89. — Le mousquetaire de Belleville (*Mélingue*) p. 89. — Si j'étais cet homme admirable (*T. Trimm*) p. 135.

Almanach de l'Eclipse. Paris, aux bureaux de *l'Eclipse.*

1re année 1869, *Frontispice de Gill.* (Petit format).

Un charmant portrait de Gill, par lui-même et signé du nom de sa maîtresse : Augustine.

2e — 1870. *Frontispice de Gill.* (Petit format).

3e — 1872. L'invalide à la tête de bois (*Trochu*). — Le marchand de mouchoirs (*J. Favre*).

4e — 1873. Par-dessus le bord : (*Thiers voit du haut d'un pont l'aigle, la fleur de lys et le coq tomber à l'eau*) — Le premier soldat de France, (*Thiers*) réduction d'un dessin paru dans *l'Eclipse*, n° 202, 8 septembre 1872.

Les années. 1874-1875 et 1876 ne contiennent pas de dessins de Gill.

Almanach de la société des gens de lettres, Paris. Librairie du *Petit Journal*, 21, boulevard Montmartre, — (in-18).

1re année 1869, illustrée par Gill. Têtes de chapitre, vignettes et culs de lampe. — Portrait de H. de Balzac. — Marcou Pacino Cane. — L'Ecrivain public. — Une gravure pour la chanson de Marcel, d'Henri Murger, curieuse composition, portrait de Gill tenant la main de sa maîtresse.

Almanach des travailleurs. Paris, Polo, éditeur, 1874, — in-4°. Ce recueil est formé par les cinq premières livraisons, les seules parues de l'ouvrage « *Le travail et les travailleurs.* »

Cinq dessins de Gill.

1. Le forgeron, texte de Zola. — 2. Le charpentier, Siebecker. — 3. La modiste, E. d'Hervilly. — 4. Le soldat, J. Claretie. — 5. Le menuisier, E. d'Hervilly.

Anti-clérical (L'). Paris, librairie anti-cléricale, un supplément au n° du........ 1880

Léo Taxil par André Gill : A ta santé, mon vieux Satan. Cette planche fut publiée à nouveau en placard colorié, imprimé d'un seul côté avec complainte sur la conversion de Léo Taxil (Paris, 1885).

L'Art Contemporain. Peintres et sculpteurs. Paris, Ateliers de reproductions artistiques, 13-15, quai Voltaire.

N° 61. — Notice sur André Gill et reproduction par la phototypie de son tableau *L'homme ivre.*

N° 118. — Reproduction du *Nouveau-né.*

L'Art de voler ses maîtres, par Swift. Paris, Marpon, 1882.

Couverture avec dessin de A. Gill.

L'Assommoir, par E. Zola. Paris, Marpon, in-4°, illustré par Bellanger et Gill.

17 dessins de A. Gill.

L'Avant-Scène, journal des théâtres, rue de Chateaudun, 10. Paris, novembre 1876.

Ce journal eut dix numéros.

N° 1. — *Capoul par Gill.*

Bulletin de Vote par Gill. 73 numéros. Paris 1877. — in-18. Portraits et biographies des candidats républicains à la chambre des députés.

Le dernier numéro est fort rare, il ne porte pas de numéro d'ordre, est intitulé « le Vote » et contient un dessin de Gill : une main déposant un bulletin dans l'urne. La violence de l'article de Maxime Rude a motivé sa saisie. Les numéros contenant la biographie des candidats de Paris ont été réunis en une brochure avec préface de *Maxime Rude*. 25 numéros avec couverture.

La Chanson illustrée. Paris, rue du Croissant, 16. Directeur Polo.

1re année, n° 4, — 18 avril 1869.

Le bourreau des cœurs, dessin de Gill.

La Chanson des Grues et des Boas, Victor Hugo revu et corrigé à la plume et au crayon par Gill. Paris, in-8° — 1865.

6 dessins de Gill et parmi eux une charge de V. Hugo portant sous son bras les Tours de Notre-Dame.

Le Charivari. Rédacteur en chef : P. Véron. — Bureaux rue Rossini, 20, — in-folio.

Gill publia dans cet intéressant journal plusieurs séries de caricatures. Il collabora en 1866-67 à une série de Portraits-charges publiée sous le titre de Nouveau Panthéon Charivaresque et donna :

N° 16. — *Erckmann Chatrian* (*Charivari* du 11 décembre

1866) ; les deux romanciers coiffés du même chapeau tiennent la même plume. Au dessous ces vers :

Erckmann pense sous ses lunettes,
Chatrian a l'air contristé,
Phénomène dont les deux têtes
Sont Talent et Fraternité.

N° 16. — *Gustave Doré* (*Charivari* du 14 janvier 1867) ; le grand dessinateur marche sur les mains. Au dessous cette légende :

Crayon prodigieux, gymnaste réputé,
Celui dont ci-dessus vous contemplez le torse
C'est Doré, sans pareil pour tous les tours de force,
Qui s'en va sur ses mains à la postérité.

N° 18. — *G. Courbet* (*Charivari* du 6 février 1867), ce peintre avec un tablier de maçon tient une truelle à la main.

N° 19. — *Th. Barrière* (*Charivari* du 20 février 1867), entouré de chats, est appuyé sur un théâtre. Au dessous ces vers :

Après certain succès au fulgurant éclat
On l'appelait jadis Barrière des bons hommes,
Mais avec tant d'ardeur ce lutteur se débat
Contre tous les abus de l'époque où nous sommes
Que ce serait plutôt Barrière de combat.

Gill avait en outre donné sous le titre : *Le théâtre au crayon* une parodie en douze compositions de « *La Maison neuve de Victorien Sardou* » (*Charivari* du 28 décembre 1866) et une grande composition « *Messieurs du Roman* » (Dumas père et fils. — Ponson du Terrail. — Paul de Kock. — Champfleury. — De Goncourt frères. — Amédée Achard. — Ernest Feydeau. — Paul

Féval. — Elie Berthet. — J. du Boys. — Em. Gonzalès). (*Charivari* du 10 mai 1867).

La deuxième série des dessins de Gill parut pendant le siège de Paris, elle se compose de neuf planches :

Actualités ; Charité de siège (*Charivari* du 12 octobre 1870).

Les hommes du jour. I. — Trochu. (*Charivari* du 6 octobre 1870).

— — II. — G. Flourens (*Charivari* du 8 octobre 1870).

— — III. — Vinoy (*Charivari* du 14 octobre 1870).

— — IV. — Dorian (*Charivari* du 17 octobre 1870).

— — V. — Le général de Polhes (*Charivari* du 21 octobre 1870).

— — VI. — Rochefort (*Charivari* du 24 octobre 1870).

— — VII. — Le général Bourbaki (*Charivari* du 1er novembre 1870).

— — VIII. — De Moltke (*Charivari* du 14 décembre 1870).

Les deux autres séries ont été publiées en 1881 et en 1883.

Actualités : Moi aussi j'la pose ma candidature... et d'vant les dames (*Charivari* du 16 août 1881).

Figures du jour. — Camescasse (*Charivari* du 30 août 1881).

— — Tony Révillon (*Charivari* du 12 septembre 1881).

— — Camille Pelletan (*Charivari* du 23 septembre 1881).

— — Henry Maret (*Charivari* du 30 septembre 1881).

Figures du jour. — Spuller (*Charivari* du 14 octobre 1881).
— — Ranc (*Charivari* du 25 octobre 1881).
— — Grévin (*Charivari* du 2 octobre 1883).
— — Delpit (*Charivari* du 16 octobre 1883).
— — Gustave Rivet (*Charivari* du 10 octobre 1883).

Le Chat noir, directeur Salis. Paris, boulevard Rochechouart, 84 — in-folio.

1re année, N° 10, 18 mars 1882. — Le printemps, par Gill.
2e — N° 128, 21 juin 1884. — La salle des morts.
3e — N° 129, 28 juin 1884. — Les Buttes Montmartre, 18 mars 1871.
4e — N° 165, 7 mars 1885. — Félicien Champsaur.

Ce journal publie un *album* qui contient dans la 2e livraison « *Le rôtisseur* » par Gill.

La Chronique illustrée, in-folio, paraissant une fois par semaine. Bureaux, rue Rossini, 3, rue de Fleurus, 9.

N° 6, 20 septembre 1868. — Le baron Brisse.
N° 9, 11 septembre 1868. — Mélingue.
N° 13, 8 novembre 1868. — Militairure (petites charges).
N° 14, 15 novembre 1868. — L'homme peint par son métier. — Les joies du ménage. — Une jolie cantinière.
N° 15, 22 novembre 1868. — Comment on paye.
N° 18, 13 décembre 1868. — L'amateur de violon.

Contes et Récits, par Alphonse Daudet. — Paris, Polo, éditeur — in-8°, illustrés par Gill, Sahib, Fleury, etc.

13 dessins, 13 vignettes et 9 culs de lampe par Gill.

La gravure de « *La partie de billard* » (page 92) représentant des généraux jouant au billard pendant la bataille a été interdite par la censure : un très petit nombre d'exemplaires contiennent cette composition, dans les autres elle est remplacée par une page blanche avec cette légende « Dessin interdit par la censure ». Les illustrations de ces *Contes et Récits* ont à nouveau paru dans *Les Romans illustrés.* Livraisons 138 *et suivantes.*

La Corde au cou, comédie en un acte par A.Gill. Paris, Marpon, 1876 — in-18.

Eau-forte de Gill.

Courrier Français (Le). Journal illustré paraissant tous les samedis. Paris, 14, rue Séguier,

Le premier numéro est du 16 novembre 1884. — Cette publication a donné comme dessins de Gill :

N° 41 (2e année) 11 octobre 1885. — Le roi coup-de-sabot allant à la chasse aux corbeaux. C'est l'esquisse de la composition qui avait paru dans le n° 21 de *la Parodie* avec la collaboration de *Lemot.*

N° 4 (3e année) 24 janvier 1886. — Plusieurs dessins de Gill pendant son séjour à Charenton. Emile Cohl les a communiqués à M. Roques, directeur du *Courrier.*

N° 6 (3e année) 7 février 1886, H. Litolff.

Les Curiosités de Paris, par Ch. Virmaitre. Paris, Lebigre-Duquesne — in-18.

Sur la couverture est le portrait charge de l'auteur par Gill.

Der Floh. — Journal satirique illustré, publié à Vienne (Autriche).

Cette feuille donna en 1873 plusieurs dessins de Gill et parmi eux, Castellar (Portrait charge). — Le père Beck (général des jésuites) (1).

Le Dessin de Gill. Planches lithographiées in-folio.

N° 1. — Hélas! Pauvre Yorick. (*Gambetta et Rochefort*).

N° 2. — Le fossoyeur (*Rochefort*).

Dessins de l'Eclipse, interdits par la censure. Paris,

(1) Nous n'avons pas eu ces numéros entre les mains, ce renseignement nous a été donné par le caricaturiste *Demare* qui accompagnait Gill dans son voyage en Autriche.

bureau du journal, 7 rue du Croissant. Album contenant 21 planches non coloriées, prix 10 francs.

A propos du procès Marchal (1868). — La justice et la vengeance poursuivant le crime, grande composition, et 20 dessins refusés par la censure depuis 1871.

Dix Dessins de la Lune Rousse refusés par la censure du 16 mai. Paris, aux bureaux de la *Lune Rousse* in-folio avec couverture.

Dix compositions de Gill qui peuvent être ajoutées aux numéros de la *Lune Rousse*.

N° 35, du 5 août 1877. — Paulin Menier. — Rôle de Rodin du Juif errant.

N° 36, du 12 août 1877. — Le Loup, la Chèvre et le Choux.

N° 37, du 19 août. — Le 15 août.

N° 43, du 30 septembre. — Echec et Mat.

N° 44, du 7 octobre. — Le nouveau livre de V. Hugo.

N° 45, du 14 octobre, — Au pied du mur.

N° 49, du 11 novembre. — Le Quart d'heure de Rabelais.

N° 50, du 18 novembre. — Comptez sur moi tous les jours. — Mon déménageur.

N° 53, du 9 décembre. — Les jambes de X... ex-riche négociant.

Certains numéros présentés par Gill, et refusés par la censure du 16 mai n'ont pas été publiés, ainsi : Une charge du prince Impérial, *Incognito* : un fiacre passe, par la portière émerge une oreille gigantesque (14 octobre 1877).

— Nature morte. — Une poire à grosses moustaches en croc, une poire ventrue sur courtes jambes avec une main de squelette tenant un parapluie.

Douze Dessins de Gill pendant le siège de Paris (Les). Madre — 20, Rue du Croissant.

Album contenant 12 dessins lithographiés inédits de Gill. 1. Le bombardement. — 2. Le bataillon de marche. —

3. Le rempart. — 4. Garde sédentaire. — 5. Déménagement. — 6. Marchands de Paris. — 7. L'abattoir. — 8. Boucherie de chien. — 9. Devant le Bourget. — 10. La queue du pain. — 11. Buzenval. — 12. Printemps.

La Duchesse de Qui qu'en veult, par Alexis Bouvier. — Paris, Armand Léon et Cie, 1868, petit in-18.

Couverture illustrée par Gill.

Eclipse. Rédacteur en chef et directeur, F. Polo. — 5, cité Bergère — in-folio. Le frontispice de la 1re année est dessiné par Bocquin, il est entouré des portraits des principaux rédacteurs et dessinateurs du journal : F. Regamey, Gill, Humbert, Vermesch, d'Hervilly, Pepin, Polo, Bienvenu. Le frontispice de la deuxième année 1869 est dessiné par Hadol : Un clown tient deux cerceaux au travers desquelles passe une Folie sur la robe de laquelle est inscrit 1869.

Premier numéro du 26 janvier 1868 à 400 du 25 juin 1876. — 9 années en neuf volumes avec titres et tables.

Les neuf années ont été tirées sur papier de luxe. — Les cinq premiers numéros à 0,05 c., les autres vendus 0,10 c. — Un grand nombre de numéros ont été saisis, nous en donnons la liste :

Les Numéros — 14 — 26 avril 1868. — Hardi Ferragus.
15 — 3 mai. — Sainte-Beuve (Libre-Mangeur).
29 — 9 août. — Monsieur X...?
37 — 4 octobre. — Tra los Montès.
44 — 22 novembre. — Quelques avocats.
46 — 6 décembre. — Eugène Ténot.
49 — 27 décembre. — Noël.
51 — 10 janvier 1869. — A propos des Moniteurs.

Les numéros — 53 — 24 janvier 1869. — Messieurs on ouvre.
55 — 7 février. — Le bœuf gras.
59 — 7 mars. — Giboulées de mars.
71 — 30 mai. — Le Rappel.
87 — 19 septembre. — Le docteur Nélaton.
92 — 24 octobre. — Le conseil des rats par Ropp.
98 — 5 décembre. — Les irréconciliables. Ouverture de la chambre.
99 — 12 décembre. — Le dégel.
103 — 9 janvier 1870. — Le gâteau des rois.
105 — 23 janvier. — Troppmann.
114 — 27 mars. — MM. Laurier et Floquet.
115 — 10 avril. — Jeune Phrygienne jouant avec un Aigle. (Job).
128 — 2 juillet. — Courbet.
129 — 8 — — L'aigle et les coqs.
132 — 1er août. — Les chaussures nationales. (Metz, 24 juillet).
133 — 7 août. — Mangeons du Prussien.
134 — 14 — — La France en danger.

Il parut en 1870 cinq suppléments : 1° Les deux compères. — 2° Un vieux fou. — 3° On demande un boucher. — 4° Proclamation au peuple français. — 5° Le vainqueur. — Le dernier numéro paru avant la suspension est le n° 139 (18 septembre 1870). — L'*Éclipse* reparaît après neuf mois d'interruption *en juin 1871, n° 140*, à partir de cette époque les numéros saisis sont :

149 — 3 septembre 1871. — Dissolution.
151 — 17 septembre 1871. — Vacances.

156 — 22 octobre 1871. — Peines perdues par A. Le Petit.

158 — 5 novembre 71. — Le retour du Lys par A. Le Petit.

160 — 19 novembre 1871. — La crise monétaire par Gill.

168 — 14 janvier 1872. — Pile et face. MM. Dupanloup et Littré (Institut. Corps Législatif).

169 — 21 janvier 1872. — Le roi carotte. Le denier de la veuve.

172 — 11 février 1872. — Le rachat.

178 — 26 mars 1872. — Le général Changarnier.

193 — 7 juillet 1872. — La fille bien gardée par Job.

212 — 17 novembre 1872. — Les deux présidents.

224 — 9 février 1873. — Ce numéro contient une charge représentant M. Thiers en soldat romain, tenant un glaive sur lequel était écrit : « *Dissolution* ». La censure fit enlever ce mot qui effrayait tant l'Assemblée nationale.

249 — 3 août 1873. — Ce numéro donne la charge de M. de Choiseul en marchand d'oublis. De la boîte qu'il porte sur son dos les censeurs firent disparaître M. Thiers qui comme un beau diable en sortait avec ses lunettes et un bonnet à poil.

Le titre de l'*Éclipse* est de Gédéon, il représente la pleine lune éclipsant le soleil dont on ne voit plus qu'un croissant. — Il change au n° 26, c'est alors la lune qui est moitié recouverte par le soleil. Après la guerre (n° 140, juin 1871). sur le soleil est la carte de France ébréchée par l'astre noir sur lequel on distingue les charges de Bismarck, Guillaume et Napoléon. — L'administration annonce dans le n° 400 que le journal se transforme et paraîtra désormais dans le format du *Punch*, ou pour se servir d'une comparaison française, sous le format de l'ancienne *Revue comique de 1850.*

L'Eclipse. *Revue comique illustrée.* — Paris. — 16, Rue du Croissant. Petit in-4°. — Nouvelle série — 2 juillet 1876.

La 1re année de cette nouvelle série se termine le 24 juin 1877. — Gill collabora à ce journal d'une manière régulière jusqu'au moment où il fonda la *Lune Rousse* (10 décembre 1876). A partir de cette époque il ne donna plus que quelques dessins, pourtant le n° du 18 novembre 1877 contient encore de lui la charge *d'Émile Augier* et celui de juillet 1878 celle de *l'éditeur Dentu.* — Le supplément du n° 19 (5 novembre 1876), consacré à Wagner, contient le portrait du compositeur allemand. La 1re planche coloriée de l'album de *l'Éclipse* est de *Gill*, elle représente l'ouverture de la chasse. Gambetta sonne du cor tandis que Brisson, Tolain, Lockroy, Louis Blanc, Spuller, Floquet s'apprêtent à tirer sur les lièvres *réactionnaires* que Crémieux essaye de haranguer et que Jules Simon cherche à *apprivoiser*.

L'Esclave ivre. Paris. — 45, faubourg Montmartre, in-8°, 4 numéros.

Gill fit annoncer en ces termes l'apparition de cette petite feuille destinée surtout à combattre Gambetta : « Demain » jeudi, 15 septembre 1881, éternelle éphéméride, paraî- » tra chez tous les libraires : « *L'Esclave ivre* », hebdo- » madaire, illustré, colorié, à 5 centimes. — C'est l'œuvre » du peuple français, le crépuscule de Léon ! Le tigre » d'Hyrcanie, le crocodile du Gange, tiendraient à hon- » neur de recommander une pareille œuvre.

» A. Gill. »

N° 1. Gallifet et Gambetta. — N° 2. Gambetta et son cuisinier Trompette. — N° 3. L'Élu de Charonne. — N° 4. Le général Farre.

L'Esprit follet. Album journal. — Paris, grand in-4° hebdomadaire. Administration et rédaction, 160, rue Richelieu, 0,50 c. le numéro.

Le 1er numéro est du 15 mai 1869. Le n° 127 et dernier du 18 août 1872. — Le n° 117 8 juin 1872, contient *Le salon pour rire* de *Gill*. 31 compositions sur les œuvres exposées en 1872. N° 118 (15 juin 1872). — Juin par *Gill*.

L'Esprit Gaulois. Paris. Faubourg Montmartre, 15 — petit in-folio.

Les nos 28 à 34, du 18 juillet au 29 septembre 1881, contiennent des charges coloriées de Gill.

N° 28 — Le coup de balai.
29 — Mollirais-tu, vieux biceps.
30 — A travers les repaires.
31 — Encore un accident.
32 — Avor et Neubourg.
33 — L'esclave ivre.
34 — A l'assomoir Lion.

Les Femmes d'artistes, par *A. Daudet*. — Paris. — Lemerre. 1874, in-18.

Eau-forte de Gill. — Jeune femme faisant la chasse aux papillons.

Fête nationale (Avenue Trudaine, 14 juillet 1880). Planche coloriée, composition de Maincent. — Imp. Jules Chéret, Paris.

Cette composition représente l'arc de triomphe dessiné par Gill. — Gambetta, avec un porte-feuille sous le bras sur lequel est inscrit *Commission*, donne la main à un communard portant un sac sur lequel est écrit *Exportation*.

Galerie contemporaine. Éditeur Baschet. Boulevard Magenta, 126, — in-folio.

Le n° 153 de la 1re Série est consacré à Gill, et donne plusieurs croquis de l'artiste, sa photographie par Carjat et une notice de Paul Hippeau. — Sous son portrait Gill a composé ces vers :

Carjat dont le renom va d'Aix à Carcassonne
Ayant fait vingt portraits de mon humble personne,
Choisir était un casse-cou
Et j'ai pris le seul qu'il renie,
Pour le punir de la manie
De faire un chef-d'œuvre à tout coup.

Gambetta (1869-1879) — par Bordone. Paris, 1879. — Sandoz, éditeur, in-18.

Un portrait de Gambetta par Gill.

Gare les jambes, par Pierre Quiroul. Paris. — Dentu. 1881, in-18.

Couverture dessinée par André Gill.

Garibaldi, par Bordone. Paris. — Dentu, in-18.

Avec portrait de Garibaldi par Gill.

La Gazette de Java. Rédacteur en chef : Victor Noir. Paris, 6, Boulevard Montmartre, in-4°.

Ce journal n'eut qu'un seul numéro : à la 4e page un dessin de Gill.

Gill-Revue. N° 1. *Le Salon pour rire*, 1868, album, grand in-8 de 16 pages avec dessins en couleur. — Paris, aux bureaux de l'*Éclipse*, 5, cité Bergère.

N° 2. *La vessie*, qu'il ne faut pas prendre pour la lanterne de Rochefort. 30 pages et couverture in-18.

La Grande Duchesse de Gerolstein. Quadrille brillant par Strauss, édité chez Brandus, Paris, rue Richelieu, 103.

Sur la couverture un grand dessin de Gill, portraits-charges des artistes qui ont eu les principaux rôles dans cet opéra-bouffe. Grenier. — Dupuis. — Christian. — Kopp, — Coudere.

Le Grelot. Journal hebdomadaire illustré. Paris, 20, rue du Croissant.

Ce journal, fondé le 9 avril 1871, donna trois dessins signés Flock, dus à la collaboration d'André Gill et de Frédéric Régamey. — La commission d'enquête (n° 28 — 22 octobre 1871). — La rentrée de Paul (P. de Cassagnac), n° 29 — 29 octobre 1871. — La souscription Baudin, Mottu rasé par Villemessant (n° 30 — 5 novembre 1871).

Le Hanneton. — Journal hebdomadaire illustré. — 288 n^os en trois séries du 30 novembre 1862 au 9 juillet 1868 — Gill donna des dessins dans les n^os suivants :

1866. — 11 février, n° 169, A. Dumas fils *avec vers de Gill.*
18 février, n° 170, Timothée Trimm (*Léo Lespès*).
4 mars, n° 172, Pierrot *avec vers de Gill.*
1er avril, n° 176, Mélingue *avec vers.*
8 avril, n° 177, J. Noriac (*id.*)
10 juin, n° 186, Monselet (*id.*)
16 septembre, n° 200, Le Phénol Bobœuf, six compositions formant réclame pour le Phénol.
28 octobre, n° 206. La foire aux almanachs, reproduction de la couverture destinée à l'Almanach du Hanneton pour 1867.

Histoire de France Tintamaresque par Touchatout. Paris. Rue du Croissant, 7. in-8°, illustré par G. Lafosse avec le concours de Draner, Gill, Hadol, Le Petit, Robida.

Deux grands dessins de Gill : 1° Louis XI, potence bois sculpté du xve siècle, 45e livraison, page 353. — 2° Henri IV. Tapisserie de haute lice (Gobelins). 53e livraison, page 417.

Hommage au Libérateur du Territoire. Le *Convoi de M. Thiers.* — Paris. Perreau, imprimeur, 39 — 41, passage du Grand Cerf, grand in-18.

Sur la première page, *Portrait de Thiers par Gill.* Ce portrait avait déjà paru dans les *Contemporains de Jules Claretie.*

Les Hommes — d'aujourd'hui. Portraits-charges, par Gill. Paris. 19, quai Saint-Michel, journal hebdomadaire avec portraits-charges en couleur dessinés par Gill et autres. Cette publication commencée en septembre 1878, par Cinqualbre, a été achetée en 1885 par l'éditeur Léon Vanier et continuée par lui à partir du n° 227.

Les notices sont de *Félicien Champsaur* jusqu'au n° 30, elles sont ensuite de divers, parfois du directeur et signées Pierre et Paul. — Les charges sont de Gill dans les 142 premiers numéros, de Demare et de divers dessinateurs ensuite.

1er volume n° 1 à 52, avec couverture et titre coloriés et en noir dessinés par Gill.

2	—	n° 53 à 103	—	d°
3	—	n° 105 à 158	—	d°
4	—	n° 159 à 208	—	d°
5	—	n° 209 à 260	—	d°

Il est à remarquer que le n° 227 n'existait pas, c'est par une erreur typographique, que le portrait de Compayré porte l'indication n° 228, ce n° 227 a été publié plus tard et contient le portrait de Chevreul. Le n° 151. Eugène Delattre, a eu deux tirages différents. — Le n° 231 contient un dessin inédit de Gill : Rosélia Rousseil, (qui n'avait pu paraître plus tôt, l'actrice ne s'y trouvant pas flattée s'était opposée à la publication). Le n° 249. — Henri Bornier (1). — Le directeur

(1) Au-dessous de ce dessin nous trouvons cette note : « Le dessin de Gill que nous donnons cette semaine, et que nous devons à l'obligeance de M. Émile Cohl, notre collaborateur, son élève et son ami, a été fait en 1883 à l'hospice de Charenton. »

M. Léon Vanier a rendu cette Revue pleine d'intérêt, il s'est assuré la collaboration des principaux caricaturistes : Emile Cohl — Luque — Coll-Toc — Bridet — Regamey — Uzès — etc., et nous annonce l'apparition prochaine d'un dernier dessin inédit de Gill : Gustave Nadaud (1).

Illustration (L').

Le garde qui veille aux barrières du Louvre, composition de Gill (nº du 18 février 1871).

Jeune France (La). Rédacteur en chef : Allenet.

Frontispice de la première année.

Dessin de Gill, avec des vers de Valade. Une jeune femme nue tient une cage d'où s'échappent des oiseaux. La même composition agrandie servit *d'affiche* pour cette *Revue.*

Le Jour de l'an d'un vagabond, par Albert Glatigny. Paris. Lemerre, 1870, in-18.

Eau-forte de Gill.

Journal amusant. Paris, rue Bergère 20, in-folio.

Année 1859. Nº 167. — 12 mars. — A propos de bottes.
Nº 182. — 25 juin. — Comment on fait un paysage.

Année 1862. Nº 323. — 8 mars. — Le dimanche d'un collégien.
Nº 345. — 9 août.—La journée d'un collégien.

Le Jugement dernier, 14 octobre — 14 décembre 1877, (Décembre 1877), in-folio. Paris, aux bureaux de la *Lune rousse.*

Grande fantasia triomphale d'après Michel-Ange, cette grande composition représente la défaite des conservateurs après les élections d'octobre 1877.

Journal illustré (Le). Nº du 9 mai 1880.

(1) Nous ajouterons que M. Cohl possède encore quelques croquis inédits composés par Gill pendant son séjour à Charenton.

Reproduction du tableau L'homme ivre (Salon de 1880). Dessin de Henri Meyer, gravure de F. Meaulle.

Légendes populaires. Paris, Librairie P. Martinon. Gabriel de Gonet, éditeur. In-4.

André Gill a illustré un certain nombre de ces légendes, il était le collaborateur de Nanteuil. — Nous pouvons citer parmi les fascicules contenant des dessins de Gill :

Louis XVII et les faux Dauphins (N° 11).
Guillaume-Tell. (N° 15).
Cartouche. (N° 16).
Le Naufrage de la Méduse. (N° 23).

Ces dessins sur bois sont signés *Gil* avec un seul *l*.

La Légende de Rocambole. Planche coloriée à 5 centimes. Paris, typographie A. Pougin, 13, quai Voltaire, in-folio, imprimé d'un seul côté.

Grand dessin colorié de A. Gill, accompagné d'une complainte, tiré par *la Petite Presse*.

La Lune. Paraissant toutes les nouvelles lunes. Bureaux — 13 rue du Croissant. Octobre 1865 au 17 janvier 1868, 98 numéros. A partir du 22 avril, elle paraît tous les dimanches :

Le premier dessin de Gill se trouve dans le n° 5 (février 1866) : Étude de violon. — Il en devient le dessinateur ordinaire.

Le n° 19 (15 juillet 1866) contient la charge de Blondin, elle se rapproche du genre qu'il va adopter et auquel il devra son succès, le portrait-charge des hommes du jour.

Le n° 27 (charge de Thérèsa); son tirage atteignit 24.000 exemplaires. Au n° 68 il monta à 41.000.

Le N° 63, 19 mai 1867, eut deux éditions, la première portait sous la charge de Victor Hugo cette phrase du grand poète : « Je veux toute la liberté comme je veux la lumière. » La censure fit supprimer cette pensée qui ne reparaît plus dans la 2me édition.

Le n° 87 (*lutteurs masqués*) fut saisi et remplacé par le n° 86 *bis*. Le 1er n° avait été tiré à 15,000.

Les 24 principales charges de Gill parues dans la *Lune* furent tirées à part sur papier fort et soigneusement coloriées. Ce tirage à part forme l'édition de luxe de la *Lune*.

La Lune rousse. (Rédacteur en chef : André Gill. 159 nos. — In-folio, Paris, Bureaux, 5, rue Coq-Héron.)

N° 1, 10 décembre 1876, au n° 159 du 21 décembre 1879.

Les nos saisis sont :

N° 11 du 18 février 1877. Crac, dessin relatif à la suppression du *Journal les droits de l'homme*, frappé par application de la loi du 11 mai 1868 (A mon cher maître Daumier).

N° 12-25 février 1877. La Croix Rousse.

N° 25-27 mai 1877. A pied. Premier cocher : Où va-t-il ? deuxième cocher : Peuh ! à la fourrière. Ensemble : Hue ! Polignac.

N° 30-1er juillet 1877. Lapin sauté.

N° 32-15 juillet 1877. Le journaliste de la France. — La censure a fait supprimer l'inscription *16 mai* qui se trouvait en tête du lit et la légende. « Vas-y Emile, fourre tout le paquet. » (Poil à gratter).

N° 53-9 décembre 1877. Bon voyage, M. Dumolet.

N° 67-17 mars 1877. Croquis de carême. — De l'Education des jeunes âmes.

N° 123-13 avril 1877. A propos de Pâques et d'œufs. — Beautés de l'instruction pas gratuite et pas obligatoire.

Citons les numéros exceptionnels :

du jeudi 8 mars 1877. Victor Hugo.

5 juillet 1877. Monsieur Thiers.

13 août 1877. Léon Gambetta.

Le N° 41-16 septembre 1877, sous le titre *Adieu* contient une grande composition représentant Thiers sur son lit de mort et la France déposant une couronne d'immortelles. Ce dessin lorsqu'il fut soumis à la censure, donnait le portrait en pied de Gambetta debout près du lit tenant d'une main son chapeau et de l'autre serrant pensif la main du mort; il fut refusé et Gill répondit à M. de Villeneuve : « Au lieu de Gambetta je mettrai la Patrie, et ce sera la même chose ».

N° 63-17 février 1878. Louis Veuillot en chemise ayant un bonnet de nuit en forme de mitre, et portant les clefs de Saint-Pierre pendues à sa ceinture avec cette légende : Mon candidat! Louis Veuillot intenta un procès et le Journal fut condamné à 100 francs d'amende.

N° 64-24 février 1878. Niniche.

N° 82-30 juin 1878. Gill présenta pour ce numéro un dessin représentant le maréchal Président saluant la statue de la République qui fut refusé. La censure refusa également le 7 juillet le dessin : Basile entouré d'écoliers sortant d'une école.

N° 127-11 mai 1879. Un dessin avec une jeune fille à genoux chantant, accompagnée par un faune de pierre, — on fit d'abord enlever la calotte coiffant la femme, et un rabat qui encadrait le cou, puis on refusa définitivement le dessin.

A partir du n° 132 — 15 juin 1879, la *Petite lune* fusionne avec la *Lune Rousse* et forme sa 4e page.

Lyon-Républicain. Paris, in-folio.

Supplément illustré du 4 avril 1880.

L'impôt diminué, par Gill.

La Marseillaise, d'Henri Rochefort, a donné dans le n° 26 du jeudi *13 janvier 1870* le portrait de *Victor Noir*, par Gill.

N° 94-24 mars 1870, croquis de Gill.

Ulric de Fonvielle. — Interrogatoire de l'accusé. — Pascal Grousset. — *L'accusé*.

N° 95-25 mars 1870. — Dr Pinel. — Dr Samezeul. — Dr Morel. — Dr Tardieu.

N° 97-27 mars. — Brigadier Bolagna. — Boissière agent. — Lechoutrer boucher. — Darleu agent. — Coutheret agent.

Les Martyrs de Strasbourg. Un placard avec dessin, le recto seul est imprimé. Imp. Trinocq. — Gill pour cette composition reproduit en le réduisant le dessin qu'il avait déjà publié dans l'*Eclipse* du 14 août 1870 : « *La France défendue par le peuple* ».

Le même dessin a servi ensuite à illustrer une édition nouvelle de la République des paysans de Pierre Dupont. Edition Bertaut-Teulin.

Les vers du placard sont de *Champagne*.

Mascarade quotidienne, politique et illustrée, Paris, G. Moris, rédacteur en chef, administration : 11, place de la Bourse, in-folio, 22 nos du 5 novembre 1880 au 26 novembre 1880.

Dessins de Gill, dans les nos 1, 3, 5, 9, 15, 16, 18, 21.

La Mille et deuxième nuit, conte inédit d'Edgard Poë, Paris. Librairie du *Petit Journal*, 21, boulevard Montmartre, in-4°.

Album de 45 pages avec dessins de Gill.

Le Mercure galant, bureaux, 5, rue Coq-Héron. Petit Figaro des dames paraissant le *mardi* et le *vendredi*, in-folio. Premier Numéro du *vendredi 8 août 1862*.

Préface aux caricatures par Gill : Amende honorable du vieux Mercure galant qui, depuis longtemps, boudait dans les nuages, mais qui se trouve ramené par l'amour aux pieds des dames.

En effet, ce journal se donnait comme le continuateur de

l'ancien *Mercure Galant* et portant en tête : 192e année, n° 1.

Il annonçait que les plus jolies abonnées seraient portraiturées de temps à autre par l'élite des dessinateurs, qu'à défaut de portraits, les sieurs Gill et autres fines pointes de son espèce les amuseraient de leurs charges burlesques.

Le Monde comique. — Paris, aux Bureaux de l'*Eclipse*, rue du Croissant n° 7, in-4°.

Une abstention regrettable : A négligé d'envoyer à l'exposition des serins, par A. Gill. Nouvelle série, n° 5.

Le Monde illustré. Directeur Paul Dalloz, 13, quai Voltaire.

N° du 5 janvier, 1884. — Nos contemporains, 4 portraits-charges par Gill.

V. Hugo, A. Daudet.
G. Ohnet, A. Delpit.

N° du 9 mai 1885. — Les derniers dessins de Gill, spécialement dessinés, pendant sa maladie, pour le *Monde Illustré*.

1° Le duc d'Aumale.
2° Henri Rochefort.
3° Emile Zola.
4° Jules Grévin.

La Muse à Bibi, par A. Gill. — Paris, Marpon, 1882, in-16. — Couverture illustrée et frontispice par André Gill.

La première édition de la Muse à Bibi parut en 1879, 1 vol. in-12 (Paris, librairie des Abrutis, rue du Croissant, 13), sans nom d'auteur ; elle est suivie de l'Art de se conduire dans la société des pauvres bougres, par la comtesse de Rottenville.

La couverture est illustrée par Gill.

Nana, par Emile Zola. Paris, Marpon et Flammarion, 1882, in-4°, illustration de Gill, Bertall.

Dessins de Gill. Nana, page 5 (Livraison 1).
Fontan, page 241 (Livraison 31).
Daguenet page 315 (Livraison 44).

Napoléon dernier. Les lanternes de l'Empire par Henri Rochefort. — Paris, Librairie anti-cléricale, 31-35, rue des Ecoles, in-4°.

3 volumes. Illustrations de André Gill et Fred, Rick.

La Nemesis de Gavroche. — Paris, au bureau de l'*Eclipse*, 16, Rue du Croissant. — 1872, petit in-18.

Couverture avec dessin de Gill. (Un gavroche avec un mirliton en sautoir inscrit sur un mur : Vive la République !)

Nos hommes d'État, par un Français. — Paris, Digou Codut, 1875, in-4°.

1re livraison, *Thiers*, portrait de Gill, le texte est de M. Proal, député des Hautes-Alpes.

La Nouvelle Lune. Directeur : Heyman, 167, Rue Montmartre, in-folio.

Gill donna les caricatures suivantes :

2e année. — N° 41. — 6 octobre 1881. — La tante à Gambetta.
42. — 13 octobre 1881. — Ministère d'automne. Bien né pour verser (Jules Ferry).

3e année. — N° 1. — 1er janvier 1882. — Deux dessins envoyés par Gill de la maison de santé de St-Maurice.
13. — 26 mars 1882. — Actualité.
15. — 9 avril. — Les générosités de la R. F.
16. — 16 avril. — Hymen-Vapeur : Sarah-Bernhardt.
17. — 23 avril. — Le Pot-Bouille : Zola.
18. — 30 avril. — Louise Michel.

3e année. N° 19. — 7 mai. — Marine.

4e année. — N° 9. — 4 mars 1883. — Nouveaux croquis par Gill.

N° 38. — 15 octobre 1883. En attendant.

L'Ombre de Thiers. Eau-forte par A. Gill.

Cette eau-forte a paru dans le N° 406 du 1er novembre 1877 (9e année) de l'Illustration Nouvelle par une société de peintres graveurs à l'eau-forte, publiée par Cadard. Il existe un tirage sur papier de Chine.

Panurge. Rédacteur en chef : F. Champsaur. — Rue d'Aumale, 16, in-folio.

Nos 1 à 29 du 10 octobre 1882 au 15 avril 1883.

Dans le N° 17 du 21 janvier 1883, un croquis inédit d'André Gill : Meilhac et Halévy dont la charge n'avait pas encore été publiée ; ces auteurs tiennent la même plume, ils sont appuyés sur le toit d'un théâtre.

De Paris à Bade, Paris, Rue des Martyrs, 19, un album grand in-8°.

Guide fantaisiste, illustré par Gill.

Paris à l'eau-forte. — Rédacteur en chef, éditeur : Richard Lesclide. — D'avril 1873 à novembre 1874, 5 volumes in-4°.

62e livraison. — 14 juin 1874. — Un Hercule, par Gill.

64e livraison. — 28 juin 1874. — Nasi, par Gill.

Ces deux eaux-fortes devaient illustrer le roman les *Va-nu-pied* de Léon Cladel ; elles étaient données dans la Revue comme spécimen, mais l'éditeur Richard Lesclide ne fit jamais paraitre cette édition. — La 8e livraison du 18 mars 1873, page 124, donne une eau-forte de Regamey, d'après le tableau de Gill : l'Amour, chef d'orchestre.

Le Parnassiculet contemporain. — *Recueil de vers nouveaux, précédés de l'hôtel du Dragon Bleu et orné* *d'une très étrange eau forte.* — Paris. Librairie centrale J. Lemer éditeur, 9, rue des Beaux-Arts.

1re Edition 1867. — 2e Edition (1872). Ce recueil est une spirituelle parodie du Parnasse contemporain publiée l'année précédente par l'éditeur Alphonse Lemerre avec le concours de Th. Gautier, François Coppée.

Alphonse Daudet et Paul Arène sont les auteurs de cette parodie. La très curieuse eau-forte représentant une femme couchée et fumant est d'André Gill, elle n'est pas signée.

La Parodie, journal illustré par Gill, grand in-4°. — Bureaux, Paris, — Rue des Martyrs, 19. — 21 nos du 4 juin 1869 au 16 janvier 1870 avec couverture coloriée.

N° 1. — Le Salon de 1869, par Gill et Oulevay.
2. — Le jeune premier et avant-scène.
Théâtre des courses.
Théâtre en chambre de J. Favre.
3. — Suite.
Un café littéraire (Le café de Suède).
Autre parodie. Ce très cher crevé de Cupidon.
4. — Les Parisiennes de Arsène Houssaye.
Saint-Paul de Renan.
Le roman d'une conspiration.
Le Bouscassié du Cladel.
5. — Bade — Types — Eberstein — La bouquetière — Une coupe.
6. — Le loup.
7. — *Les Femmes. Souvenir* (Article).
8. — L'affaire des 28 pantalons rouges.
11. — Récit du séjour de Gill à la maison Dubois.
12. — O. Métra.
16. — A. Daudet.
Récit, Daudet au bois. — Michelet.

N° 17. — Les princes du Pavé. La Vénus au rable. Poulalion.
18. — Le corps législatif.
19. — La nostalgie de Jocko.
20. — Il m'en souvient.
21. — Le Roi coup de sabot.

Le Petit Figaro illustré. Grand in-folio, 11 n^{os} du *7 juin 1868* au *14 août 1868*, ce dernier n° est donné comme supplément et porte le titre de spécimen de la Chronique illustrée, les n^{os} d'ordre ne sont pas exacts, il faut pour le classement avoir égard aux dates.

N° 159. — 7 juin. — Alexandre Dumas.
166. — 14 juin. — Gustave Courbet.
173. — 21 juin. — Emile de Girardin.
180. — 28 juin. — Charles Monselet.
175. — 24 juillet. — Alphonse Daudet.
182. — 31 juillet. — Nadar heureux.

La Petite Lune. Paris, 1878-79, 52 N^{os} avec titre et table, couverture avec dessin de Gill.

Chaque numéro contient une composition de Gill.

Le Petit-Rappel. Administration, 15, Rue Montmartre, petit in-folio, 6 N^{os} du 24 juillet au 28 juillet 1870.

N° 1. — 24 juillet 1870. — Espion prussien arrêté aux portes de Metz.
2. — 25 juillet 1870. — La popote au camp du Ban-St-Martin.
4. — 26 juillet 1870. — Paysans des environs de Metz enfouissant leurs objets précieux.

Le Peuple Souverain. Paris, Rue du Mail, 30, in-folio, 4 n^{os} exceptionnels illustrés.

N° 12. — 27 mai 1872, — Le peuple souverain par Daumier.

19. — 3 juin 1872. — Témoin contre l'Empire par Gill.

26. — 11 juin 1872. — Bazaine par Gill.

33. — 17 juin 1872. — Le général Changarnier par Gill.

Le Plan de Trochu. Grande composition par Gill, supplément du Grelot. Cette planche eut plusieurs éditions à différents prix.

Le Réveil illustré. Paris, Rue Bergère, 19, in-folio.

Quatre numéros. — Du 14 juillet 1880 au 8 août 1880, le N° du 8 août porte à tort la mention. N° 3, il est le 4e de la série, le N° 3 a paru le 1er août.

Tous contiennent des caricatures de Gill, la première seule est coloriée.

N° 1. — La république reçoit les amnistiés.

2. — Saint-Simon, martyr.

3. — Gambetta et Rochefort sur l'omnibus de Belleville.

4. — Grévy se rendant à Cherbourg avec Gambetta et Léon Say.

Revue pour tous. Paris, Rue Coq-Héron. — Rédacteur en chef, Camille Etiévent.

N° 1 du 12 mai 1861.

La première année contient quinze compositions d'André Gill.

1862.—Parodie des Misérables. N° 1. — 31 août 1862.

2. — 7 septembre 1862.

3. — 14 septembre 1862.

4. — 21 septembre 1862.

5. — 28 septembre 1862.

8. — 19 octobre 1862.

9. — 26 octobre 1862.

10. — 2 novembre 1862.

La Rue, Journal hebdomadaire portant en sous-titre:

Paris Pittoresque et Populaire, le sous-titre disparaît au n° 24. Rédacteur en chef : Jules Vallès, — 32 N^{os} du 1er juin 1867 au 11 janvier 1868. Paris, grand in-4.

Un grand nombre de N^{os} contiennent des illustrations de Paul L'Aube — Montbard — Félix Regamey — Pepin — Alphonse Lévy — Beyle — Cattelain — Pilotel, Gilbert Martin. — Gill donna quatre dessins :

N° 3. — 15 juin 1867. Les Pauvres attendent la soupe devant la porte du Louvre.

23. — 2 novembre 1867. — La mort conduisant un régiment.

25. — 16 novembre 1867. — L'ours du Jardin des Plantes.

31. — 28 décembre 1867. — Un polichinelle (L. Veuillot).

Les articles de Gill sont : — Le lion de Demain, Poulalion dans le N° 18 du 28 septembre 1867. — Notes d'un caricaturiste N° 22-26 octobre 1867.

Salon pour rire (1864), Gustave Richard, éditeur ; parodie des œuvres du Salon de 1864 par Gill, in-12

Saint-Cloud, par J. Stair, 1871, in-18.

Couverture avec dessin de Gill.

Le Siège de Paris. Une planche in-folio imprimée d'un seul côté. Paris, Coulbeuf, 97, passage du Caire.

Composition de Gill (1870).

Théorie de la garde nationale et du combat. Grande planche in-folio. Paris, bureaux de l'Eclipse, 16, rue du Croissant (1870).

Un grand dessin de Gill.

Le Tom-Pouce. Paris, 1876, in-8, rue du Croissant ; 4 numéros du 22 octobre au 15 novembre 1876.

Le n° 2 contient un grand dessin de Gill : La rédaction du Figaro.

Le Tom-Pouce n'est pas un journal illustré, mais il se réserve pourtant le droit de publier des *images* toutes les fois qu'il y trouvera un intérêt spécial, il explique comment la grande planche de Gill lui est tombée entre les mains, Le *Figaro* donne chaque année un almanach› les charges de Gill étaient destinées à cette publication; certains rédacteurs froissés de n'y point figurer, ont fait ajourner ce dessin qui est tombé entre les mains de Tom-Pouce.

Tous Tartufes, par Léo Taxil, illustrations de Gill, publication formant un numéro exceptionnel de l'*Anti-clérical.*

Couverture avec dessin.

L'abbé Fouillouse.

Le R. P. Montclair, jésuite.

M. G. Esclangon évêque de Brignoles.

Le Trombinoscope. Revue biographique des contemporains (240 numéros), 1re édition. Paris, in, 4°.

Portraits par A. Gill.

Boïard, liv. 94. — Pothuau, liv. 100. — Buffet, liv. 101. Quinet, liv. 102. — Falloux, liv. 104. — Offenbach liv. 105. — Cham, liv. 166. — Franclieu, liv. 154. — Les frères Lionnet, liv. 155. — Georges Konstantin, liv. 163. — De Mahy, liv. 167.

Un portrait du prince impérial dessiné par Gill, n'a point paru.

Le Ventre de Paris, par Zola. Paris, Marpon, 1 vol. in-8).

Illustrations de Gill (neuf dessins).

Les Vers du Nez de Loulou Gueuillot. Paris, 16, rue du Croissant, in-12, 1869.

Parodie des Couleuvres de Louis Veuillot, par Gill et Vermesch (Voyez *Eclipse* n° 64-4 avril 1869), les dessins ne sont pas signés, mais ils sont dus au crayon de Gill qui sur la couverture a imité le titre du volume des poésies publiées chez Palmé en y ajoutant une écumoire.

La Vie de Bohême de Henry Murger. Paris, librairie illustrée, 7, rue du Croissant, 1876. 1 vol. in-4°, 304 pages.

Frontispice de Gill et 11 dessins coloriés parus dans les 12 premières livraisons, les autres dessins sont de Regamey.

La Vie de la Bourse. Journal satirique financier, gérant, Taillefer.

N° du 25 mars 1882. — *Polydore capital* dessiné par Gill, le 22 mars 1882.

La Vie Moderne. Journal illustré. Paris, 13, rue Taitbout. Le premier N° est du 10 avril 1879.

N° du 22 janvier 1881. — Panorama Gill. Trois croquis d'André Gill.

N° du 29 octobre 1881. — La Veuve, composition de Gill.

La Vie populaire. Paris, direction, 18, rue d'Enghien, in-4.

N° 6. — 4 avril 1880. — Mon Boulanger.

N° 8. — 18 avril 1880. — M'ssieu Gugusse, l'ami des jésuites.

N° 9. — 25 avril 1880. — Mon Boucher.

Vingt Portraits de contemporains, par André Gill, avec une notice de Jean Richepin.

Reproduction de vingt tableaux originaux inédits, en noir bistré, sur papier de Hollande.

Format in-4° raisin dans un cartonnage.

Paris, Magnier et Cie.

Les portraits de la collection sont: Victor Hugo, — Thiers, — Jules Grévy, — Littré, — Gambetta, — Louis Blanc, — Garibaldi, — Mac-Mahon, — le duc d'Aumale, — Bismarck, - Léopold II, roi des Belges, — Alexandre II. — Naquet, — Paul de Cassagnac, — A. Dumas fils, — Emile Zola, — Coquelin aîné, — Sarah Bernhardt, — Daubray, — Gil-Naza.

Le Voltaire (Supplément illustré), petit in-folio, Paris, faubourg Montmartre, 11.

15 numéros du 4 janvier 1880, au 28 mars 1880. Chaque numéro contient une caricature de Gill, il paraissait deux éditions, la première, accompagnait le N° du *Voltaire*, et ne pouvait être vendue séparément. — La seconde était mise en vente le lendemain et portait en titre. Édition populaire, 5 *centimes* :

N° 1. — 4 janvier 1880. All Right.
2. — 12 janvier. La débâcle.
3. — 18 janvier. Le général Farre.
4. — 25 janvier. Le comble de la nature morte.
5. — 1 février. Feu janvier. Neuf compositions.
6. — 8 février. L'Education d'Alfred ou les sermons du père Dumas fils.
7. — 15 février. Suzanne Lagier.
8. — 22 février. La Diva Adelina Patti.
9. — 29 février. Le 78me Laurier. V. Hugo.
10. — 7 mars. Le dernier fauteuillard. (Maxime Ducamp).
11. — 14 mars. Faidherbe, grand Chancelier.
12. — 21 mars. Conclusion.
13. — 28 mars. Bulletin de santé.

Voyage fantastique du petit Trimm à la queue d'un chat, par André Gill, Paris. — Gustave Richard, éditeur, 1866 — petit in-18.

Ce conte pour les enfants, écrit et dessiné par Gill, fait partie de la bibliothèque du Petit-Poucet que donnait en prime :

La mère Gigogne, journal d'images, dédiée aux enfants bien sages, qui comptait — paraît-il — Gill parmi ses dessinateurs.

AFFICHES

Affiches. Gill dessina plusieurs affiches pour annoncer la publication des divers journaux auxquels il collabora, nous citerons :

1° L'affiche annonçant l'apparition de la *Lune* (1865).

2° L'affiche annonçant l'apparition de la *Parodie* (1869), elle représente une Minerve à grand nez avec l'annonce suivante : Gill va publier.

Va publier.
Va publier.
Quoi ?
Quoi ?
Quoi ?
La Parodie.
Quand ?
Quand ?
Quand ?
Aujourd'hui 1er juin.
Quel bonheur !
Quel bonheur !
Quel bonheur !

3° L'affiche de *la Lune Rousse* (1876), reproduisant en le grandissant le frontispice de ce journal (une lune coiffée d'un bonnet).

4° L'affiche de *la Petite Lune.*

5° L'affiche de la *Jeune France.*

6° L'affiche des *Hommes d'aujourd'hui.*

7° L'affiche du *Voltaire illustré.*

(Consultez pour les affiches : Ernest *Maindron.* Les affiches illustrées, page 108.)

TABLEAUX

Toiles exposées au Salon de Peinture :

1875. — *La Chanson du fou* en collaboration avec Baduel.
Un joyeux compagnon.
1876. — *Crispin* (Truffier de la Comédie française),
1877. — *Souvenir d'un grand comédien* (Lesueur).
L'Homme à la pipe.
1878. — *L'Ami Daubray.*
Catherine.
1879. — *Mademoiselle Bullier.*
Un petit homme.
1880. — *L'Homme ivre.*
Le Capitaine.
1881. — *Le Nouveau-né.*
Portrait de Jules Vallès.
1882.— *Le Fou.* (1)
Le Requiem du Rossignol.
Le Nain dans les Roses.
Le Retour des ouvriers le Dimanche (Les Lilas).
Le Batailleur.
Les Adieux du Matelot.
Une Marée basse (Plage à Honfleur).
L'Homme à la pipe.
Amour aux oiseaux.
Amour chef d'Orchestre.
Amour peignant les Papillons.
Amour dirigeant un chœur d'oiseaux.

(1) Voyez : Catalogue illustré de F. G. Dumas, années 1880-1882. La reproduction du tableau *L'Homme ivre* et *Le Fou* daprès deux dessins à la plume de Gill.

La Distribution des Drapeaux (14 juillet).
A la Vie! A la Mort!
Le Chat botté!
La Femme au Bock.
Projet de Panorama.
Etude : Enfant sur un Cygne.
Le Christ portant sa croix.
Divers portraits et de nombreux Portraits-Charges. La plupart de ces dessins ont été reproduits dans les « *Vingt Portraits de Contemporains* » édités par *Magnier* et provenant de la collection de Lepelletier. A ce sujet M. Eudel (1) rapporte que Gill avait signé avec Lepelletier un contrat en vertu duquel celui-ci s'engageait à verser 600 fr. par mois à l'artiste qui de son côté livrerait quatre tableaux. Après avoir réuni cinquante tableaux, le financier devait les mettre en vente publique et partager les bénéfices avec Gill.

(1) L'hôtel Drouot et la Curiosité en 1883.

ŒUVRES LITTÉRAIRES

La Corde au Cou. Comédie en un acte par André Gill. Paris, Marpon, in-18, 1876.

L'Etoile. Drame en un acte en vers par André Gil et Jean Richepin. Paris, Alphonse Lemerre, — in-18, 36 pages 1873.

La Muse à Bibi. 1re Edition. — Sans nom d'auteur, Paris. Librairie des Abrutis, 13. Rue du Croissant, in-18.

2e Edition. — La Muse à Bibi par Gill. Paris, Marpon et Flammarion, in-18, 1882.

Saynètes — et Monologues. Paris, Tresse, in-18, 1880. La sixième série contient : *Un Caissier*. Comédie en un acte par A. Gill, et G. Richard. Cette comédie n'a pas été publiée en volume séparé.

Vingt années de Paris. Avec une préface d'Alphonse Daudet. — Par André Gill. Paris, Marpon et Flammarion, in-16 (avril) 1883.

Portrait de Gill par Desmoulins d'après la photographie de Pirou.

Réduction de ses charges : 1° Le Melon.

2° Vallès. — Le convoi du pauvre.

3° Rochefort.

4° Courbet.

5° Thiers.

Voyage fantastique du Petit Trimm à la queue d'un chat, par A. Gill, Paris, Gustave Richard, — in-18, 1866.

Articles et pièces de vers publiés par divers journaux.

Nous mentionnerons : 1° *La Rue* de Jules Vallès, n° 18 (28 septembre 1867) Poulalion par Gill et n° 22 (26 octobre 1867). Notes d'un caricaturiste. Séjour de Gill au régiment.

2° *Le peuple* de Jules Vallès, n° 10 (13 février 1879). Portraits après décès.

3° *La Rue* par Jacques Vingtras n° 4 (21 décembre 1879) qui reproduit cet article déjà paru dans le Peuple.

4° *Le Voltaire en 1880* et *le Voltaire illustré* donnent plusieurs articles de Gill.

5° *La Nouvelle Lune* publie une nouvelle d'André Gill, Nicolas Reverdi, dans les n°s des 15, 22, 29 janvier, 12 février, 5 mars 1882.

6° *L'Echo de Paris du 6 mai 1885* donne le dernier article écrit par Gill à Charenton : « Le Boulevard d'Enfer. » — Le même journal publie le 7 mai 1885 une série de lettres inédites de cet artiste.

Un grand nombre de pièces de vers ont été publiées dans l'*Eclipse*, la *Lune Rousse*, *le Chat noir*, ce dernier journal dans son n° 18 du 13 mai 1882 donne sur Victor Noir un article de Gill plein d'intérêt.

Enfin la *Jeune France* contient des vers de Gill dans les T. I, II, III, IV et VI ; citons : Ma Tante Rosalie (T, III, page 426). Waterloo (T. IV, page 328). Le Cheveu blanc (T. VI, page 52).

ICONOGRAPHIE

Le Diogène, première année, n° 3 (14 septembre 1867) Charge d'André Gill (de la *Lune*) par *H. Meyer*.

La Chronique illustrée, n° 2 du 23 août 1868. Portrait d'André Gill, par *Bocquin*.

H. Mailly. André Gill. (Portrait-charge). Lith. Destouches, Paris, reproduit et réduit par la photographie (Mailly, 12, rue de la Fidélité).

La Lune n° 80, du 15 septembre 1867. *André Gill*, par lui-même.

Le Monde pour Rire, n° 89 (13 novembre 1869). Charge d'André Gill, par A. Jann, allusion à son séjour à la maison Dubois où il fut soigné pour une maladie des yeux.

Le Trombinoscope, 1re édition, Gill par Hadol. 2e édition, André Gill, par Moloch (livraison 85).

Pilotel. Charge de Gill (placard 1871).

Les Hommes d'Aujourd'hui. André Gill, par Grévin (n° 10, 15 novembre 1878).

L'Hydropathe. Charge d'André Gill en hercule tenant un crayon comme massue. Ce portrait-charge n'est point signé, il est dû à la collaboration de G. Lorin et d'André Gill lui-même, n° 2 du 5 février 1879.

Vingt années de Paris (1883). André Gill par Desmoulins, reproduit dans le Cri du Peuple du 4 mai 1885.

L'Illustration. Portrait de Gill, par Leriverend Dochy d'après la photographie de Charles (nº du 9 mai 1885).

Les Contemporains. Charge de Gill, par *Alfred Le Petit* (nº 41).

La Nouvelle Lune, Portrait d'André Gill, par *Emile Cohl* (nº 14 du 27 octobre 1881).

Le Papillon. Portrait d'André Gill, par *Desmoulins* (nº 28, du 30 octobre 1881).

Silhouettes parisiennes, par Olympe Audouard (1881). Portrait de Gill par Desmoulins.

La Revue illustrée. Portrait de Gill par G. Morogel. du 5 novembre 1881 (Nº 150).

La Chronique illustrée, nº 65. Portrait d'André Gill (1881).

Galerie Contemporaine, 1re série, nº 153. André Gill, (photographie.)

Le Monde illustré. Portrait de Gill, dessin de Vuillier, d'après la photographie de E. Pirou (nº du 9 mai 1885).

La Halle aux Charges. Portrait de Gill, par Isoré (nº 169, mai 1885).

La Nouvelle Lune. André Gill sur son lit de mort, par Emile Cohl (nº 10 du 15 au 31 mai 1885).

Le Courrier français. Gill, par Uzès (nº du 13 septembre 1885).

Portrait de Gill par lui-même (Charenton, 20 septembre 1883). Nº 4 du 24 janvier 1886.

Portrait de Gill, par Em. Cohl (Charenton, 25 janvier 1833) (nº 4 du 24 janvier 1886).

Gill a souvent fait sa propre charge dans ses caricatures, (voir l'*Eclipse*, *la Lune Rousse*).

Nota.—Nous avons eu entre les mains tous les ouvrages, tous les journaux et toutes les pièces que nous décrivons, à l'exception seulement de *L'histoire du sire de Framboisy* et du *Traité du Duel par Robaglia.* — Ces deux volumes ne se trouvent dans aucune des Bibliothèques publiques de Paris.

FIN

ASNIÈRES. — IMPRIMERIE LOUIS BOYER ET Cie

ASNIÈRES. — IMPRIMERIE LOUIS BOYER ET Cie.

www.ingramcontent.com/pod-product-compliance
Lightning Source LLC
LaVergne TN
LVHW050536100826
845148LV00002B/575

* 9 7 8 2 0 1 2 5 2 2 8 7 9 *